みんな使える！こなれた英語201フレーズ

関谷英里子

青春新書
PLAYBOOKS

Prologue

とあるラグジュアリーブランドの夏シーズンの新商品発表会。事前準備のために渡されたプレスリリースや、ブランドの責任者のことばのはしばしに出てきた単語は、

effortless

でした。

effortless summer lifestyle
(effortless な夏のライフスタイル)、
this cotton dress has effortless appeal
(このコットンのワンピースはeffortless appeal がある)、
あるいは、そのシーズンのテーマのひとつが
effortless elegance
(effortless なエレガンス)
といったように。

この発表会の鍵となる **effortless** は「努力を必要としない」という意味です。たとえば **effortless victory** といえば、「楽勝」です。

ほかにも、

「楽々とこなしているように見える、なにげなく見える」

という意味があります。それも、「楽々とこなしているように見える」背景として、非常に巧みなため、非常に高度な技能があるため、簡単そうに見えるけれども実は多大な努力の結果である、という前提がニュアンスに秘められています。

通訳の中で、ここまで言葉を足してしまうとオーディエンスにはしつこく、聞きづらくなってしまうので、結果的には、「ラグジュアリーでありながらさりげない夏のライフスタイル」、「このコットンワンピースでリラックスした装いを演出できます」、「抜け感と余裕を感じさせるエレガンス」といったような訳をしたように覚えています。

突飛なデザインはなく、色使いもベーシックなこのブランドは、さりげないディテール使いと素材のよさが評判です。このブランドを着る人には、高級素材をまとう心地よさを提供するとともに、それを身につけることで心から落ち着くような、深い自信をもたせてくれるというのです。

服そのものは主張をするわけではなく、着る人のその人らしさを発揮できるような衣服なのだろうな、と私は発表会をうっとりとした気持ちで見ていました。ただ、実際はその様子を同時通訳していたため頭はフル回転で、うっとりする余裕はそこまではなかったのですが……。

その発表会のあと、実は英会話もこの **effortless** な感覚がさ

じ加減として加わるとコミュニケーションがより円滑になるのではないかな、と思いました。

英語としての知識はたくさんあったとしても、実際に効果を発揮する言葉やフレーズは限定されています。

これを使えば場慣れして見えるフレーズ、これを使えば相手に安心感を与えられるフレーズというのが実際にあるのが英会話です。

それらを、ココという場面で言えるからこそ、「こなれて」見えるのです。

逆に、なにげないポイントで見当違いな表現を使ってしまって気まずい思いをしたり、Yes, yes, yes! と必要以上にイエスを連発して自らの必死さをあらわにしてしまったりすると、それだけで相手との間に見えない壁ができてしまうことだってありえます。

私が「こなれた表現」が英語のポイントであるといろいろなところで強調しているのは、とっさの英語表現がこなれていないことで、

「この人は英語でのビジネスに不慣れなのではないか」

という先入観を持たれたら、本当に損だからです。場合によっては、真剣に話を聞いてもらえなかったり、打ち解けてもらえなかったりしてしまうのです。一度両者に隔たりができてしま

うと、そこを打開していくには、たいへんな時間と労力がかかってしまいます。

英語表現を「こなれ」させることで、相手は「この人と仕事をしても大丈夫だ」と安心します。それによって相手がこちらを信頼しやすくなり、こちらは本当に伝えたいことを伝えやすくなるのです。

この本では、通訳の現場で会った海外のビジネスパーソンが使っていたフレーズや、アメリカで仕事をしたり友達付き合いをしたりする中で私が出会ってきたフレーズで、多用されるさりげないひと言たちをご紹介しています。

ビジネスパーソンの生活に欠かせないことばだからこそ、英語学習者である私たちが使うと、少し一目を置かれるような「こなれた感じ」を出すことができるのです。

ビジネスの現場で相手から信頼されるために大事なのは、難しいことを言ったり、大きな声を出したりすることではありません。実はシンプルな、簡単なことばやフレーズで、相手の安心感は得られるのではないかと、最近特に思います。

実は通訳の仕事では、初対面のみなさんと仕事をすることが多いです。何度かリピートして仕事をさせていただく場合でも、ひんぱんに顔を合わせるわけではないので、久しぶりにお会いするというケースがほとんどです。また、国際会議やカンファ

レンスの現場でも毎回スピーカーは変わります。

私が通訳を担当するスピーカーのみなさんは、いつも業界第一人者たち。みなさん24時間、1年365日仕事に没頭しているタイプのプロフェッショナルです。彼らの言いたいことを違う言語でアウトプットする、彼らの声にならせてもらうので、現場に入る前からいつも緊張してしまいます。

通訳をする前は、多くの場合は、スピーカーとのブリーフィングセッションがあります。自己紹介をし、事前準備資料の中で疑問に思ったことを質問したり、固有名詞などを確認したりします。初対面のほんの数分の間に、信頼関係を築かなければならないケースが多い中で、私が一番気をつけているのが、会話の中で彼らと共通のボキャブラリーを使うことや、彼らが慣れ親しみのあるビジネスしぐさをすることでした。

この場合のビジネスしぐさは、ふだんよりも少し力のこもった握手をする、目をしっかりと見てあいさつをする、といったシンプルなことです。シンプルなことではありながらも、ふだん日本のビジネス習慣にはないことなので、その都度私は気持ちのスイッチを切り替えて初対面にのぞんでいます。

そして、彼らと共通のボキャブラリーとは、この本で挙げたような、ふだん彼らが使っているような、なにげないフレーズたちです。**どれもおなじみの単語ばかりの、非常にシンプルなものです。**ただ、実際に海外のビジネスパーソンとの交流がなければ、私自身は使ったことがなかったであろうフレーズばかりです。

Prologue

突飛なパワープレイをしてオリジナリティを打ち出すよりも、まず安心感をもってもらうには、こういったおなじみのフレーズを押さえておくことが大切だ、と日々感じています。

シンプルなフレーズを身につけるだけで、今までとは違う反応を相手から引き出すことができます。

海外のビジネスパーソンと互角に渡り合うことも、海外の友達をつくって楽しくおしゃべりすることも、実はそんなに難しくありません。

この本に出てくるフレーズをひとつでも、ふたつでも、実際に使ってみてください。あなたにもそれが実感してもらえたらうれしいです。

この本の使い方

① 言いたいフレーズ（日本語）。

こなれフレーズ ❸

すごいね！
That's amazing!

こなれポイント

カリフォルニアにいることが多いからかもしれませんが、英語環境ではお互いにほめあう機会が多い気がします。

カリフォルニアは太陽がさんさんと降り注いでいるイメージからか（実際お天気がよい日は多いです）、住んでいる人も明るく、前向きだと思われているようです。わたし自身も実際に人と触れ合ってみたところ、明るくて前向きな人が多い印象を受けています。

カリフォルニアがどうかはさておき、会話をするからにはお互いに前向きになるような会話運びをしたいものです。
あいづちにしても「ふむふむ」とうなずくだけではなくて、「それはすごいね！」「やったね！」という感じのことが言えれば、相手も気持ちよく話すことができますよね。相手がノッてくれば、いろいろと情報を聞きだせるかもしれないし、そうではなかったとしても、やはりいい気分で話したいです。

そんなときにうってつけなのが、

That's amazing!
それはすごいね！

です。相手が「こんなことがあってね」とうれしそうに話してくれたらすかさず **That's amazing!** をあいづち代わりに使いましょう。話が盛り上がること請け合いです。

こういうフレーズも

That's great!
それはすごいね。

すごいこと全般に使えて、カジュアルに日常使いができます。

That's incredible!
それはすごいね。

信じられないほどすばらしい。とてつもなくすごい、といった意味ですが、相手をほめる際にはこれくらいおおげさにしてみて相手の反応を見てみてください。「そんなことないよ」と言いながら、かなりうれしそうにしてくれるはずです。

That's wonderful!
それはすごいね。

すばらしい、ステキな、といったニュアンスを込められます。

③ ②のフレーズを言うときに知っておきたい点を解説しています。

(2) 言いたい"こなれた英語"フレーズ。1に相当する、こなれた英語を紹介しています（1の直訳ではないことにご注意ください）。主語述語がそろった「完全な文」が、必ずしも"こなれた表現"ということではありません。したがって、ここで紹介するフレーズには省略形も多いです。最初はちょっと慣れないかもしれませんが、フレーズをまるごと覚えることがポイントです。大丈夫、すぐに慣れますよ！

(4) 1のバリエーションとして、いくつかフレーズを紹介しました。TPOに応じて使い分けるイメージをしてみてください。

(5) 項目のテーマに関連する内容をコラムとしてまとめています。

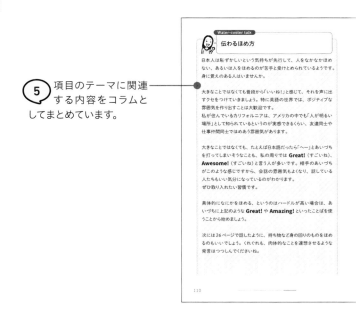

みんな使える!
こなれた英語 201フレーズ

Contents

Prologue 003

この本の使い方 010

Part 1 **あいさつ** 初対面、別れ際をスマートに

はじめまして。 020

Water-cooler talk 名前を言うときのポイント 022

Water-cooler talk わかりにくい名前はユーモアを込めて 023

やっとお会いできましたね。 025

Water-cooler talk 会ってうれしい気持ちも、伝え方次第 026

いろいろとお話は伺っております。 028

お会いできてうれしいです。お会いできて光栄です。 030

(再会の場面で①)ご無沙汰しております。 031

(再会の場面で②)おかえりなさい。 033

おかけください。 034

Water-cooler talk 「座る」という動詞を思い浮かべて 035

飲み物をお持ちしましょうか。 036

(初対面の別れ際)お会いできてよかったです。 038

Water-cooler talk 2回目からは 040

今後とも、よろしくお願いいたします。 041

Water-cooler talk Good bye. / See you. について 043

Part 2 アポイント　会う前から印象づける

会ってお話させていただけますか。 046

第2フェーズについて相談させてください。 050

来月の第2週はいかがですか。 052

残念ながら、その週はいないのです。 054

いつがご都合よろしいでしょうか。 055

その週はちょっとキツイです。 057

Water-cooler talk 遠回しに「ちょっとキツイ」を伝える 058

苦手なものとか、ございますか。 059

Water-cooler talk こんな聞き方も 061

Part 3 ミーティング　信頼され、結果を出す

最近、どうですか（お元気ですか）。 064

◎◎はいかがですか。 068

フライトはいかがでしたか。 070

不在だった方のために、前回のまとめから入りますね。 ... 072

最近アキコさんに会いましたよ。 074

彼女、どんな感じでしたか。 076

どう思われますか。 078

それはそうですね（いいところついていますね）。 080

というかですね／そういえば.. 083

Water-cooler talk You know what~ となる文 086

場合によります。.. 087

では、分担しましょう。.. 090

Water-cooler talk 積極的にかかわるなら 092

Water-cooler talk 物事を分解して、解決する 093

そろそろまとめに入りませんか。...................................... 094

Water-cooler talk ミーティングを終わらせるにあたって........ 095

新しいプロジェクトが本当に楽しみです。 096

私、そろそろおいとましないと。...................................... 099

Part 4 **カジュアル会話** オンでもオフでも、距離を縮める

それはやばいね。.. 102

Water-cooler talk crazy は「忙しい」にも........................... 104

いいね。.. 105

すごいね！.. 108

Water-cooler talk 伝わるほめ方 110

Water-cooler talk スマートにほめ言葉を受けとめる 113

それはよかったですね！.. 115

大丈夫ですよ。.. 117

行けなくて残念！.. 119

メール見ました。 120

メールに返信していなくてごめんなさい。 123

メールがたまってしまっていて。 124

問題ないですよ(大丈夫ですよ)。 126

(〜したら)お知らせします。 128

Water-cooler talk 私がオフィスで最近よく見かける省略形 ... 131

また連絡します。 135

わかりました / オッケー。 137

はい / いいですよ。 139

Epilogue 140

Index 146

本文デザイン　大下賢一郎

Part 1

あいさつ

初対面、別れ際をスマートに

始めよければ終わりよし
終わりよければすべてよし
……始めと終わりについては、ことわざにもあるように、
とにかく大切にしたいところ。
会談の中身ももちろん大切ですが、一緒に仕事をしたい人物かを瞬時に判断されるのは最初と最後の印象。信頼できる相手である、という印象を与える意味で、まずはおさえたいポイントです。
こなれて見える第一歩をさっそく始めましょう!

こなれフレーズ ①

はじめまして。
Nice to meet you.

こなれポイント

初対面でまず使いたいことば。
しっかりとお互いの目を見ながら、がっちりと握手ができるといいですね。

❗注意

日本のビジネスシーンは、まず名刺交換から始まります。

が、海外の文化で名刺を使う場面は日に日に少なくなっていると現場で感じています。海外の取引先と初めて対面する際も、それ以前にメールでやりとりをしていたり、当事者たちが直接やりとりをしていなかったとしてもお互いの秘書さん、アシスタントさんがやりとりを交わしていたりするので、形式以外には名刺は必要ないというシーンも増えてきています。

日本の通常あいさつに慣れてしまっていると、初対面ではまず名刺と思って懐のポケットを探ったり、両手で名刺を持ってしまったりしがちですが、海外ではそれはせずに、まずはシンプルにお互いの目を見て、握手。

そのときににこやかに **Nice to meet you.** と言えるといい
ですね。

海外のビジネスパーソンには名刺交換の習慣がないとしても、
日本人ビジネスパーソンとのミーティングの際には名刺は必須
であるらしい、と下調べをしてきている海外ビジネスパーソン
は名刺を持参してきますので、名刺交換は握手のあとで切り出
してもいいでしょう。

返答例❶

Nice to meet you. と言われたら、

Nice to meet you, too. と返しましょう。
そのあとに続いて名前を名乗るとスムーズな印象です。

商談相手ウィルソンさん：**Nice to meet you.**
　　　　　　　　　　　　はじめまして。
あなた（返答）：**Nice to meet you, too. I'm Yasu.**
　　　　　　　　はじめまして。ヤスです。

返答例❷

あなた（返答）：**Nice to meet you, too. I'm Yasu. We
spoke on the phone last week.**
　　　　　　　　はじめまして。ヤスです。先週お電話でお話さ
せていただきました。

Part 1 あいさつ　初対面、別れ際をスマートに

Water-cooler talk

名前を言うときのポイント

名前を言う際は、ファーストネーム(苗字ではなく、名前)を使うことが多いです。ある程度オフィシャルになってくると、自分をフルネームで自己紹介する海外エグゼクティブもいます。たとえば、

Nice to meet you. Mike Leeds.
はじめまして。マイク・リーズです。

という具合です。

ただ、ここで注意したいのは、日本人の名前は英語にはめずらしい音の組み合わせが多く、相手が聴き取れない、理解できないことが多い点です。
たとえば「カズヒコ・スギウラ Kazuhiko Sugiura」という名前はスペルを伝えたとしても、英語で育ってきた相手は復唱もままならない、という感じかもしれません。なので、

Nice to meet you. Kazu.
と言いながら握手をする、という形でもOKです。

このように自分の名前をもとから省略形にしたり、中には英語名を使ったりして、相手にすぐにファーストネームで呼んでもらえるように工夫している人も多く、いい作戦だといえます。お互いのファーストネームで呼び合えると、距離もぐっと近づいた雰囲気をつくることができるからです。

「ほら、あの人、名前が長くて覚えられないあの人」
という覚え方をされるよりは確実にいいでしょう。

Water-cooler talk
わかりにくい名前は ユーモアを込めて

「典型的な日本人の名前は英語では聞き取れない人がほとんど」というお話をしました。

私の名前は Eriko と、最後に「子」がつく典型的な日本人の名前です。

日本人女性には「子」がつく名前が多い、というのは誰でも知っていることだろうとたかをくくっていましたが、シリコンバレーに来た当初から、実はそんなことは浸透していなかった、ということに驚きました。

Eriko, am I pronouncing your name correctly?
（え、り、こ、さん、お名前の発音合っていますかね）

ローマ字読みをすれば間違えようがないでしょ、と思っていた私の名前も、英語ネイティブにしてみれば見たこともない、珍しい単語。相手の名前を間違えないように、そして失礼がないようにと丁寧に対応してくれていることはありがたいですが、日本語の名前の存在感の薄さが身にしみて、少しさみしい思いもしています。

日本人で、海外とビジネスをする人の中には英語名を設定されている人もけっこう見受けます。トモカズ、トモヒロなど「トモ〜」さんは **Tom** としたり、「ハジメ」さんは **Haj** としたり、といった短縮形のほかにも、マサヒコ、マコトなど「マ」から始まる名前であれば **Max** としたり、ナオト、ノリユキなど「ナ行」から始まる名前は **Nick** としたりという人もいます。

そんな中でも、ご自分の名前で通すときにちょっとしたユーモアを交えて、逆に絶対に忘れられなくする、という強者にお会いしたことがあります。

Part 1 あいさつ　初対面、別れ際をスマートに

Atsushi は、実はこの名前を聞いたことのない人からすると、ちょっと発音のつかみどころのない音に聞こえるらしいのです。そこで考えたアツシさんは、

You know sushi, right?
スシ、わかるでしょ。

と切り出して「スシの前に **at** と言えばいいんだよ。ほら、**at + sushi**、速く言うとあ、つ、しでしょ」というわけです。これを聞いたアメリカ人は大喜び。

アメリカでも実はスシは大人気メニュー。スーパーなどでも手軽に売っていて、健康によいというイメージもあって、日常的にスシを食べるという友人もいるくらいです（日本人の私でも、そんなにお寿司は週に何度も食べるものではないのに、中には「ぼくは健康に気を使って週に4回はスシだ」と言ってきた知り合いもいます……食べるものが偏りそうで、果たして本当に健康的なのかは、私には判断できません……）。

それからは **At + Sushi** と、スシと連想して名前を覚えてもらったアツシさん、いろいろな場面で独自のユーモアを発揮して、現地でも人気の日本人となりました。

こなれフレーズ ②

やっとお会いできましたね。
It's so nice to finally meet you in person.

こなれポイント

それまではメールのやりとりでアポイントを設定していたり、メールベースで仕事を進めていて、実際にはこれまで会ったことがなかった相手と、初めて会ったときに使えるフレーズです。

こういうフレーズも

It's so nice to meet you in person.
実際にお会いできてうれしいです。

It's so nice to put a face to the name.
名前とお顔を一致させることができてよかったです。

要は、name（名前）ベースでやりとりをしていたところに、画像としてのface（顔）をつけることができてよかった、ということを表します。

Part 1 あいさつ　初対面、別れ際をスマートに

Water-cooler talk

会ってうれしい気持ちも、伝え方次第

相手に会ったことがうれしくて、つい「初めてお会いしたような気がしませんね」、

ミーティングが終わったら打ち解けて「以前から知り合いのような気がします」、

あるいは相手のルックスがステキなので「想像していたよりもかっこいいですね、アランさん」

といったことに相当する英語を、よかれと思って発している人を何度も見かけてきました。しかし、実はこれらはどれもお勧めできないほめ言葉です。というか、ほめ言葉と取ってもらえないのです。

というのも、これらはどれも、特に異性に対して言えば **pickup line** と言われる、いわば「ナンパことば」と取られてしまうからです。同性に対して使えば、同性が興味対象だと思われることもあります。

せっかくビジネスミーティングに真剣に取り組んでいるのですから、ミーティング外で誤解を与えるような発言はやめましょう。相手のルックスに相当するところをほめたい場合は身体的なところではなくて（肉体的なところに興味があると誤解されます）、ネクタイや持ち物などをさらっとほめるにとどめましょう。

I like your tie.
ネクタイ、ステキですね。

That's a cool phone!
かっこいいスマホですね！

などとするのがいいでしょう。ほめるときも、ねちっこい雰囲気で言うと気味悪く思われてしまうので、言い方は明るくカラッといきましょう。

こなれフレーズ 3

いろいろとお話は伺っております。
I've heard so much about you.

こなれポイント

それまではメールのやりとりでアポイントを設定していた相手。
実際に会う前には、お互いに相手の会社、業界、人物そのものを下調べしてきていることでしょう。そんな中「この人はやり手だ」とか「この人はこの業界では名前が知られている」といったことを耳にすることもあるでしょう。あるいは前任者からの引き継ぎでいろいろなエピソードを聞いたりしたあとに、実際に担当者に会う、といった場面でも使えます。

これは「いいことを聞いていますよ」ということが前提なので、相手をほめるような、前向きなトーンで言いましょう。

⚡ これはキケン

I heard a lot of stories about you.
いろいろと**噂話**を聞いています。

→ a lot of stories というと噂話が連想され、あまりいいことを聞いていないような印象を与えてしまうので、この表現はやめましょう。

ちょっと上級　I've heard so much about you.
と言われたときの返答例

Likewise. It's a pleasure to finally meet you.
わたしも（いろいろとあなたの話は伺っています）。実際にお会いできてうれしいです。
→ と言って本題にスッと入るとスマート！

💡ちょっとおどけて ❶

Nothing bad I hope!
悪いことではないといいのですが！

💡ちょっとおどけて ❷

Well, I hope we can still be friends.
まぁ、（いろいろと話をお聞きになったあとも）友達でいられるといいのですが。
→「いろいろと聞いた話」が悪い噂ではないといいのですが、と同じニュアンスに。

英語でジョークらしい返しをするのは上級者向けですが、笑顔でチャーミングな印象を残すように言うのがポイントです。いざというときのために覚えておいて、実際に声に出して練習してみるといいでしょう！

Part 1 あいさつ　初対面、別れ際をスマートに

こなれフレーズ 4

お会いできてうれしいです。
お会いできて光栄です。

It's a pleasure to meet you.

こなれポイント

初対面、**Nice to meet you.** の代わりにも使えるフレーズ。

Nice to meet you. 以外の言い回しはないかな〜と考えている人もいますよね。少し英語がこなれてきたとき、ワンパターンにならないよう、この言い回しも懐に納めておきましょう。

返答例

わたしも(うれしい)です。
Likewise.

「同じく、同様に」という意味の **likewise**。相手が言ったことに同意する際に使えます。

こなれフレーズ ⑤

＼再会の場面で ①／
ご無沙汰しております。
＝またお会いできてうれしいです。
Nice to see you again.

こなれポイント

初対面は **Nice to meet you.**

では2回目以降に会ったときは……？と思っているビジネスパーソンの方も多いですよね。日本語だと「ご無沙汰しています」とでも言いたくなりますよね。

ただ、「ご無沙汰している」ということを英語で表現する直訳は not be in contact（接触していない）ですよね。これをあいさつに使うのはどこかぎこちないニュアンスになってしまいます。

2回目以降に会った人にも Nice to meet you. と言ってしまう日本人ビジネスパーソンを見かけることもありました。そんなときの相手の反応は、ちょっと苦笑い……。「（初対面のときにするあいさつをするなんて）この人は、わたしのことは忘れてしまったのかしら」と思われてしまいます。

Part 1 あいさつ　初対面、別れ際をスマートに

そんなことがあったら、もったいない。小さな違いですが、実際は、

Nice to see you again.

ふたつを見比べてわかりますか、meet ではなく **see** を使うのです。

久しぶりに会った相手とのミーティングの開始。ここも相手の目をしっかりと見て、笑顔でがっちりと握手を交わして会議に入りたいですね。

こなれフレーズ 6

＼再会の場面で ②／

おかえりなさい。
Welcome back!

こなれポイント

一度会社を離れた人が戻ってきたり、一度違う部署に行った人が戻ってきたりするようなことも、仕事をしばらくしていればあるかもしれません。

また、欧米では転職後も、自分の取引先とコンタクトを取りながら次の職場で仕事をする人もいます。

再会の中でも、相手が戻ってきたような場合に使える、相手を歓迎する表現です。

また、社内で英語を使う場合、出張や外出先から戻ってきた同僚にかける言葉としても活用できます。

こういうフレーズも

It's great to have you back.
（It'sを省略して）Great to have you back.
戻ってこられて何よりです。

「あなたが戻ってきてよかった」という意味です。

Part 1 あいさつ　初対面、別れ際をスマートに

こなれフレーズ ７

おかけください。
Please have a seat.

こなれポイント

いよいよ初対面のあいさつを済ませて、本題のミーティングに入っていくところ。会議室でどこに座ったらよいか迷うのは相手も同じです。

特に日本のように「上座・下座」の概念があまりない海外のビジネスパーソンは、適当なところに座ってしまいがちです。

なので、もしあなたが招待されている側なのに、入口近くの席、ドア側の席を勧められても気分を害さないように！　ドアの反対側に窓がある場合などは「そちらに座った方が、景色がきれいだから」という気遣いで、ドア側を勧められている場合もあるのですよ。

話を一旦戻して……では、こちらが相手を招いている場合はどうするか。
こちらから、「席にお座りください」と相手を促しましょう。
おしゃべり好きな仕事相手の場合、握手したまま立ち話

で盛り上がってしまう場合もありますよね。そんなときに、手ぶりも添えながら、

Please have a seat.（お座りください）

と相手に座ってほしい席を指すとスマートです。

>
> **Water-cooler talk**
> ### 「座る」という動詞を思い浮かべて
>
> Sit.
> Sit down.
> と言ってしまう人もいますが、「座れ」「お座りなさい」と、かなり直接的な命令形になってしまいます！ Pleaseをつければ丁寧か、というと必ずしもそうではありません。
> Please sit. → sit 自体が犬の「お座り」にも使われるように、通常ビジネスシーンでは使われないと思ってもよいでしょう。
> Please sit down. →「おかけください」という意味で使わなくもないですが、わたし自身は海外のエグゼクティブが使った場面には遭遇したことがありません。
>
> ここで使いたいのは **have a seat**（着席する）という表現です。
> カジュアルなやりとりもしている仲であれば **Have a seat.** としても大丈夫です。このときも笑顔と手ぶりは忘れずに。
> 初対面など、より丁寧なニュアンスを含めたい場合は
> **Please have a seat.**
> プリーズが慇懃無礼か考える必要がないくらい、慣用句となっている表現ですので、ここでプリーズをつけるかどうかは特にこだわる必要はありません。

Part 1 あいさつ　初対面、別れ際をスマートに

こなれフレーズ ⑧

飲み物をお持ちしましょうか。
Can I get you anything to drink?

こなれポイント

いよいよ会議開始。
でもその前に飲み物を提案したいですよね。

海外企業との仕事の場合、飲み物については相手に聞く場合が多いので、この表現を実際に使ったことはなくても、聞いたことがある、という方も多いかもしれません。

海外企業の場合は、セルフサービスになっていて、会議室のテーブルに水やコーヒーが置いてあるので各自取ってくる、というパターンも見受けられますね。
その場合は、

Help yourselves.
ご自由にどうぞ。

Help yourselves to coffee or tea.
コーヒーか紅茶、ご自由にどうぞ。

などと聞くこともありますね。

「席についたら、誰かがお茶を運んできてくれる」ということはだいぶ少なくなったように思いますので、この表現を覚えておくといいでしょう。

また、海外ゲストを自社に招いている場合は、このように「飲み物はいかがですか」というニュアンスを込めて相手に聞いてみましょう。

こなれフレーズ ⑨

＼ 初対面の別れ際 ／
お会いできてよかったです。

It was nice meeting you.

こなれポイント

緊張した初対面の相手とのミーティングもいよいよ終盤。
別れ際もスマートにしたいものです。

英語でビジネスをする際には、握手に始まり、握手に終わります。
そして最後に、

It was nice meeting you.
お会いできてよかったです。
と笑顔で付け加えて、しっかりと締めましょう。

❶ 表現が似ているので注意！

初対面の相手とのミーティングの始めには、

Nice to meet you.
はじめまして。

が有効とお伝えしました。

そして締めは、

It was nice meeting you.
あるいは、
Nice meeting you.
お会いできてよかったです。

なのです。

Nice to meet you. は「to meet」これから会うことに対して楽しみにしていることを伝え、**Nice meeting you.** は実際に会って最後までいい話ができてよかった、ということを伝える言い回しです。

❗ 初対面の別れ際に使うフレーズ
It was great meeting you.
お会いできてよかったです。
→　**nice** の代わりに **great** を入れても、同様に「お会いできてよかった」ということを相手に伝えられます。

💬 返答はどうするか
It was nice meeting you, too.
（わたしも、あなたと）お会いできてよかったです。
→　返答は最後に **too** を付ける形が一般的です。

Part 1 あいさつ　初対面、別れ際をスマートに　　　039

❗ 2回目以降の別れ際はどうするか

It was nice seeing you.

お会いできてよかったです。

→ 返答は最後に **too** を付ける形が一般的です。

> Water-cooler talk
>
>
> ### 2回目からは
>
> 2回目以降に会う相手とのミーティングの始めには、
>
> **Nice to see you again.**
> またお会いできてうれしいです。 / ご無沙汰しています。
>
> でしたね。よって、これに対応する別れ際のあいさつは、
>
> **It was nice seeing you.**
> あるいは、
> **Nice seeing you.**
> お会いできてよかったです。
>
> となります。この際は、**again** はつけてもつけなくてもOKです。
>
> **It was nice seeing you again.**
> あるいは、
> **Nice seeing you again.**
> お会いできてよかったです。

こなれフレーズ 10

今後とも、よろしくお願いいたします
（＝またお会いできるのを楽しみにしています）。

I look forward to seeing you again soon.

こなれポイント

会議の感触から、「もっと話を進めたい」という意思表示をするイメージです。日本語で言うところの「今後ともよろしくお願いいたします」といった感じになります。

「今後とも……」と考えてしまうと、とっさに英語は出てこなくなるので、この表現は決まり文句として覚えておくとよいでしょう。

こういうフレーズも

I look forward to hearing from you soon.
よろしくお願いします。
→ またのご連絡を楽しみにしています。

「**hear from**（＝〜から聞く、連絡をもらう）」を使って、あなたからまた（この会議で依頼したことなどの進捗を）聞きたい、という意思表示をしていることになります。
必ずしも次にまた「会う」設定はしていなくても、依頼ごとや質問事項についての回答はメールなどでもらえるはずですよね。

Part 1 あいさつ　初対面、別れ際をスマートに

「連絡をお待ちしています」というニュアンスになります。

 こういうフレーズも

Looking forward to seeing you again soon.
またお会いできるのを楽しみにしています。

Looking forward to hearing from you soon.
またのご連絡を楽しみにしています。

Looking forward to – という形も口頭表現としてよく使われます。

Water-cooler talk

Goodbye. / See you. について

これらは「さようなら」として習った表現かと思います。
では、実際に「さようなら」と、会議の終わりなどビジネスシーンで言うかどうか。
私は、会議が終わった別れ際などに握手をしながら、Goodbye. や See you. と言われたことがありません。ビジネスシーンでは、会議室で握手をして、

It was nice meeting you.（初対面）
It was nice seeing you.（2回目以降）

でOK、と覚えておくのが無難かと思います。

特にGoodbye. は改まったニュアンスで、丁寧なビジネスシーンに使えるかと思いきや、「もう二度と会わないかもしれない」「次はいつ会えるかわからない」というニュアンスを含んでしまうので、やめておくのが無難でしょう。

日常生活を送っていれば、英語圏でも「それではー」「じゃねー」というニュアンスで、

Bye!（バーイ!）
See you!（あるいはさらにカジュアルに **See ya!** またねー）

とカジュアルに手を振りながら去る場面にも遭遇します。それでも、みんなに対してバイバイを言う、という感覚です。

ふたりでお茶をしていて、「じゃねー」という場合でもByeというよりはハグをして、

Part 1 あいさつ 初対面、別れ際をスマートに

It was so great seeing you.

また会えてよかったです。

またはそれにプラスして、

See you soon.

では、また。

（また近々お会いしましょう。）

と言って別れるような場面が多いイメージです。

ちなみに、

See you later!

も、「ではまたー」「じゃねー」というニュアンスです。

「later」があるので「あとで」というニュアンスかと思いきや、通常の「ではまた」、一般的な別れのあいさつです。別に少し後で会うわけではなくても使います。

日常的に会っている人にも使います（職場で仕事が終わって帰るとき＝また翌日会う人たちに対して使えます）し、しばらく会わない人にも使います（出張者が帰って、その後はしばらく会わないとわかっていても使えます）。応用範囲が広いので、覚えておくと「こなれ感」がアップしそうです。

Part 2

アポイント

会う前から印象づける

今はメールなど、実際に会ったり、
話し合ったりしなくても用件が
済んでしまう場合も多々あります。
特にデジタル化が進んだ業界にいる人の中には、アポイント設定自体におっくうになる人もいるようです。
だからこそ、アポイントの設定のときからビジネスは始まっていると言っても過言ではありません。アポイント設定の段階で誤解が起きて物事がスムーズに行かないと、実際に会うにあたってモチベーションも上がりませんよね。マイナスから始めないように、こなれた言い回しを使ってサクサクとスムーズに、アポイントを取っていきましょう。

こなれフレーズ ①

会ってお話させていただけますか。
Do you think we could discuss this face-to-face?

こなれポイント

ミーティングを設定したい、会って話したい、と考えると、

I would like to have a meeting with you.
わたしはあなたとミーティングを持ちたい。

あるいは、

I would like to see you.
わたしはあなたに会いたい。

という英語が思い浮かぶ人も多いかもしれません。
どちらも英語として間違いはありませんし、訳としては間違っていません。またI would like to という丁寧な形も使われています。がしかし、どうしてもあらたまった雰囲気が出てしまい、相手は身構えてしまうか、あるいはなにか不自然な雰囲気を感じてしまう可能性が高いです。

Do you think we could –
～できますか。

というフレーズを覚えて、こなれた感じを出し、相手が
「いいですよ」と言いやすい問いかけを心がけましょう。

この文で使われているボキャブラリーも、おさらいして
みましょう。

discuss
は「議論する、話し合う」という意味です。
注意点としては、**discuss**のうしろはすぐに目的語を
持ってくること。よってdiscuss about ～とはなりませ
ん。「Aについて話し合う」と言いたい場合、「～について」
をaboutで表現したくなり、discuss about と言ってい
る人を見かけますが、文法上はNGです。
細かい点になりますが、ここで押さえておきましょう。

face-to-face
は、「向かい合って、対面で、直接」という意味です。
日本語でもカタカナで「フェイストゥフェイス」という
ように、耳にしたことがある人もいるでしょう。

Part 2 **アポイント** 会う前から印象づける　　　　047

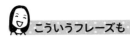 こういうフレーズも

Could we set up a meeting? I can come to your office.
ミーティングを設定しませんか。そちらのオフィスまで伺いますよ。

Could we - ? は「〜できませんか、〜しませんか」と提案するニュアンスで使えます。丁寧な形になっているのでビジネスシーンでもよく使われます。

技術の発達でメールや電話会議、テレビ会議が日常化している中では、meetingも、会って話をするミーティング以外にも、電話やビデオチャットを介した会議という意味も含めてとらえるビジネスパーソンが増えています。

よって、ミーティングを持ちたいという文の次に「わたしが行きますよ」と付け加えることで「わたしは実際にあなたのところに行って話したい」という意味を込められます。

社内に個室のある相手なら、officeは相手の個室を表し、そこでミーティングがしたいことの意思表示をしています。
あるいは相手のデスクまで行くのであれば、

I can come to your desk.
デスクまで行きますよ。

I can reserve a conference room.
会議室を予約しますよ。

I can get us a conference room.
会議室を確保しますよ。

という表現で代替することもできますね。

こなれフレーズ ②

第2フェーズについて
相談させてください。

I'd like to get your advice on Phase 2.

こなれポイント

相手に相談したい、相手の意見を聞きたい、というときに使えるフレーズです。想定シーンとしては、会議がしたいことを申し入れ、何について話したいかを切り出すときに有効です。

先ほどの(46ページの)、

Do you think we could discuss this face-to-face?
会ってお話させていただけませんか。

に続けて、

I'd like to get your advice on Phase 2.
第2フェーズについて相談させてください。
とつなげれば、相手に何を聞きたいのかが具体的になります。

050

こういうフレーズも ❶

I'd like to get your input on Phase 2.
第2フェーズについて相談させてください。

最初の例文とほぼ同じですが、単語を **advice**（アドバイス）の代わりに **input**（インプット）を使っています。「あなたのインプットがほしい」という表現で **your input** と使えば要は、あなたからのアドバイス、アイデアがほしい、ということを伝えられます。

 こういうフレーズも ❷

I'd like to get your opinion on Phase 2.
第2フェーズについて相談させてください。

ここでは **opinion**（意見）を聞きたい、というように言い換えています。第2フェーズについてどう思っているか、意見を聞きだしたいときに使うとよいでしょう。

ただし、**advice**（アドバイス）、**input**（インプット）と比べると「その人の意見、見解」を聞きたい、というやや強めな印象を与えます。場合によっては大げさに聞こえてしまうこともあるので、使い分けが必要です。

こなれフレーズ ３

来月の第２週はいかがですか。

How about the second week of next month?

こなれポイント

アポイントを設定するときには、日程、時間、場所まで具体的に詰めなければなりませんね。

そんなときに「〜はいかがですか」と気軽に提案できる **How about 〜?** は、とても便利な「こなれ」ボキャブラリーです。

How about Monday?
月曜日はいかがですか。

How about Tuesday at 2 pm?
火曜日の午後２時はいかがですか。

How about tomorrow night?
明日の晩はいかがですか。

How about the first week of September?
９月の第１週はいかがですか。

How about we meet at Rita's Coffee?
リタズ・コーヒーで会うのはいかがですか。

How about I come to your office?
そちらのオフィスに（わたしが）伺うというのはいかが
ですか。

How about lunch?
ランチ（のときに会うというの）はいかがですか。

と、応用範囲が広いのがわかりますね。

こなれフレーズ ④

残念ながら、その週はいないのです。

I'm afraid I won't be here that week.

こなれポイント

アポイントを設定しているときに、提案されている日程の都合が悪い場合もあると思います。
そんなときに、「残念ながら」という気持ちを伝えるのに便利なのが、

I'm afraid – というフレーズ。

I'm afraid I won't be here that week.
と言えば、残念ながらその週はいない、ということを伝えられます。
同様に、

I'm afraid I won't be here that day.
残念ながらその日はいないのです。

I'm afraid I won't be available that week.
残念ながらその週は都合が悪いのです。
と、**be available**（手が空いている、応対できる）を使えば、自分が空いていない旨を伝えられます。

こなれフレーズ ⑤

いつがご都合よろしいでしょうか。
When would you be available?

こなれポイント

アポイントを設定する際によく使われる単語が **available**。先ほどの54ページのように否定形として使えば「都合が悪い」ということをネガティブなニュアンスを伴わずに伝えられます。

I'm afraid I won't be available that week.
残念ながらその週は都合が悪いのです。

こなれボキャブラリーとして **available** を押さえておきましょう。

I'm available.
わたしは手が空いています(対応できます)。
というように肯定形でシンプルに使えます。

I'm available on Tuesday.
と言えば、
わたしは火曜日は手が空いています(対応できます)。

となります。

また疑問文にして、

When would you be available?
いつだったらご都合よろしいですか。

とすれば、いつだったら対応できるかを聞くことができ
ます。

She's not available right now.
（あいにく）彼女は席を外しています。

He'll be available in a couple of hours.
彼は2時間もすれば対応できます。

Is Ms. Gibbs available?
（電話の会話）ギブズさんはいらっしゃいますか。

こなれフレーズ 6

その週はちょっとキツイです。
I have a tight schedule that week.

こなれポイント

アポイントを設定している際に、避けたい週が出てくるかもしれません。

月曜日は？火曜日は？と順に聞かれて、その度に「それは無理」と応えなくてもいいように「その週はキツイ」ということを伝えられる表現です。

「忙しい」ということを表現するときに思い浮かぶbusyも使いたくなります。

I'm busy that week.
わたしはその週忙しいです。

もちろん間違いではないですが、意図していなくても「忙しくて、あなたの用事になどかまっていられない」と、相手の予定はあまり重要ではないような印象を与えてしまう場合があります。

Part 2 アポイント　会う前から印象づける　　057

そんなときには **tight schedule** を使うと、相手の用事を大切に思っているか否かとは関わりなく、スケジュールがびっしりと入ってしまっていて、ほかに何も入れられそうにない、という状態を相手に想像させられます。

> **Water-cooler talk**
>
> ### 遠回しに「ちょっとキツイ」を伝える
>
> 例文の日本語にあるように「ちょっとキツイ」と婉曲表現を取り入れたい場合は、
>
> **I have a pretty tight schedule that week.**
> その週はけっこうタイトなスケジュールです。
>
> **My schedule is quite tight that week.**
> その週はスケジュールがけっこうキツイのです。
>
> とすることもできるので、参考にしてみてください。
> 言うときの表情も「ちょっとキツイ」と、申し訳なさそうにするのがポイントです。

こなれフレーズ ⑦

苦手なものとか、ございますか。

Do you have any food restrictions?

こなれポイント

アポイントの中には食事を含むものも出てくるでしょう。そんなときに気になるのが相手の食事の傾向。

最近では、アレルギーや宗教上の理由で食べるのを避けているものを聞いたり、ベジタリアンの人にも楽しんでもらえる食事の設定をしたりと、気を遣わなければならないことがたくさんあります。

バックグラウンドが違う人たちが集えば当然のことですが、ふだんから日本人同士で食事をしていることに慣れていると、相手の食習慣を聞きだすこと自体をうっかり見過ごしてしまうこともあるかもしれません。

相手に聞かなければ、と思ったとしても、どのような表現をしたらいいか迷う、というご意見はよく耳にします。そんなときに便利なのがこの表現です。

Part 2 **アポイント** 会う前から印象づける

Do you have any food restrictions?
食事で制限されているものはありますか。

「制限されているもの」= **restrictions** と表現してしまえば、健康上の理由（アレルギー）、宗教上の理由、あるいは志向上（ベジタリアンなど）で制限しているもの全般を「なんとなく」網羅できます。「食べ物で苦手なものはありますか」の直訳ではありませんが、汎用性の高い文としてよく耳にします。

食事をともにしよう、という仲の相手ですから、「気を遣ってくれているのだな」ということが伝わります。

話し言葉であれば、

Do you have any food restrictions, allergies or anything that I should be aware of?
食事で制限されているもの、アレルギーなど、わたしが知っていた方がよいことはありますか。

と、聞くこともできます。

「この文章は長くて、初めて外国の取引先との食事をセットするときに覚えられないかも」という方は表題の、

Do you have any food restrictions?

で十分です。

苦手なものとか、ございますか。
に対する英訳だと、

Is there any food that you don't care for ?
（食べ物で苦手なものはございますか。）

も、自然な英語として有効です。覚えておきましょう。

> Water-cooler talk
>
> # こんな聞き方も

Do you have any preference on food?
あるいは
Do you have any food preferences?
食事のお好みはありますか。

→和食、中華、フレンチ、イタリアン……など、どんな食事のお店をセットしようか考えているときはこのように聞いて、相手の好みの方向性を探るのもいいでしょう。

この文だけではふわっとしていて相手もわからない場合は、

Do you have any preference on food? Would Japanese be okay?

あるいは

Do you have any food preferences? Would Japanese food be okay?

食事のお好みはありますか。和食でもよろしいですか。

と先回りして、セットする予定の料理を聞いてしまってもOKです。

ただし、知人の中には、海外のクライアントに食事の好みを聞いたら、「できれば」という前置きはあったものの、水は特定ブランドの炭酸水、卵は白身だけで黄身は外す、肉類は一切なし、野菜は油を使わずに必ず蒸すか生で出すこと、ドレッシングはかけずに別添すること……など長いリストの「お好み」が言われ、収拾がつかなくなった、という逸話を持つ人もいました。

健康に気を遣う人の中にはエクストリームな（極端な）人もいますので、「好み」を前もって聞くというよりも、最低限アレルギーなどの制限を聞いておく、と決めてしまうのも手かもしれません。

Part 3

ミーティング

信頼され、結果を出す

ミーティングが始まったら、
ひと言ひと言が
大切なコミュニケーションです。
議論の中身に自信があるのであればなおさら、ちょっとしたひと言は「こなれ」ていた方が、説得力が増しますね。
ミーティングの節々でリーダーシップを取っていけるようなフレーズも多数含めましたので、積極的な姿勢で備えましょう。

こなれフレーズ ①

最近、どうですか。
お元気ですか。
How's it going?

こなれポイント

人に会ったときの第一声、どうしようかとドキドキとすることはありませんか。
そんなときは「いつもこれを言う」という決まり文句を決めておけばよいのです。初対面であれば20ページの

Nice to meet you.
はじめまして。

同様に、人に会ったときにかける第一声「最近、どうですか」に相当するのは、
How's it going?
とインプットしてしまいましょう。

学校で一通り習うあいさつのやりとりは、
A: How are you?
　　ごきげんいかがですか。
B: I'm fine, thank you, and you?
　　おかげさまで元気です。お元気ですか。

A： I'm fine, too, thank you.
　　　はい、わたしもおかげさまで元気です。

このようなものだったかと思います。How are you? も、もちろん現在でも使う「お元気ですか」に相当するフレーズです。
が、人によってはあいさつが堅苦しい、と感じる人もいるようです。実際、わたしはアメリカではあまり聞かないイメージです。イギリスにいるときはよく使った気がしています。
国や習慣が違えば使う言葉も変わってくるというのが、グローバルで使われている英語ということばのおもしろさといえますが、学習者にはなにかとやっかい。
カジュアルすぎず、でも堅くなりすぎない表現を使いながら、笑顔をこころがけましょう。

 こういうフレーズも

How're you doing?
お元気ですか。

How's everything?
（いろいろなことの）調子はいかがですか。

カジュアル表現では、
What's up?
元気？最近どう？

という表現を聞いたことがある人も多いかと思います。

Part 3 ミーティング　信頼され、結果を出す

アメリカなどでは、親しい間柄であれば年齢関係なく使われている印象ですが、若者語という印象もありますので、相手が使ってきたらこちらも使う、くらいのスタンスでよいかと思います。

◉ 返答例

では、「最近どう？」と聞かれたらどう言えばいいでしょうか。

Good, thanks.
元気ですよ。

をはじめとして、

Fine, thanks.
元気ですよ。

Okay.
大丈夫ですよ。

（注：以下は最後に **, thanks.** を付けても可能です。
　　, thanks. は、あえていうならば「おかげさまで」といったニュアンスです）

I'm doing well.
元気ですよ。

I'm doing well, thanks.
おかげさまで、元気ですよ。

How's it going?（調子はどう？）と **it** が入っている疑問文に応える場合は、

It's going well.
（調子は）いいですよ。

Very well, thanks.
おかげさまで、（調子）いいですよ。

などのバリエーションがあります。

日本語だと「ぼちぼちです」、特に仕事関係の人相手にはあまり「とても景気がよい」ということは言わない雰囲気がありますが、英語でこのようにあいさつされるときは、状況は悪くないことを前提にしてきていると思った方がよいでしょう。

それでも、あまりこちらの状況が芳しくなくて、元気にあいさつを返している場合ではないと感じたら、

Not bad.
まぁ、元気ですよ。

I guess I'm all right.
まぁ、大丈夫なんじゃないかな。

としてもいいでしょう。その場合、相手は気を遣って「何があったの？」と聞き返してくれると想定されますので、それなりに回答を用意しておくとよいでしょう。

Part 3 ミーティング　信頼され、結果を出す

こなれフレーズ **2**

◎◎はいかがですか。
How is ◎◎ ?

こなれポイント

前項の「最近どう？」でも取り上げた、

How is - ?

という表現は、いろいろな言葉を入れることで
「最近◎◎（の調子）はどう？」
となりますので、押さえておきましょう。

How's your business?
お仕事はいかがですか。

How's your family?
ご家族はいかがですか。

How's your new project coming along?
新しいプロジェクトの調子はいかがですか。

How's your new apartment? I heard you moved.

新しいマンションはいかがですか。お引越しをされたと聞きましたよ。

How's life in New York?

ニューヨークでの生活はいかがですか。

How's life?

お元気ですか(生活全般について尋ねている)。

こなれフレーズ ③

フライトはいかがでしたか。
How was your flight?

こなれポイント

会議の本題に入る前に、相手の状況を一旦聞いておきましょう。
そんなときに使えるのが、

How was ◎◎?
◎◎はいかがでしたか。

相手をこちらに招いている場合、通常は飛行機などで訪問されることも多いでしょう。長旅をねぎらう意味でも聞いておくと、時差ボケのあるなしなど、相手のコンディションについても情報が得られます。

こういうフレーズも

似たような表現では、

How's your hotel?
ご滞在先のホテルはいかがですか。

などがあります。

返答例

It was okay.
まぁまぁでした。

It was fine.
大丈夫でした。（可もなく不可もなく）

などが無難です。長い飛行機旅が本当にすばらしい体験だったら、

It was great.
すごくよかった。
と言うこともできます。

いつでも元気なあなたであれば、

It was great. I slept all the way.
すごくよかったですよ。ずっとぐっすり寝ていました。

It was great. I managed to catch up on work.
すごくよかったです。仕事がはかどりました。

It was great. I got to watch three movies!
すごくよかったです。3本も映画を観てしまいました。

などと応えてもいいでしょう。
ただ、飛行機旅はそんなにラクで楽しいものではない、というのが一般的な見解。ここでは「大丈夫でしたよ」くらいにとどめておくので十分です。

Part 3 ミーティング　信頼され、結果を出す　　071

こなれフレーズ ④

不在だった方のために、前回のまとめから入りますね。

I'm just going to recap some points for those who weren't here last week.

こなれポイント❶

ビジネスなど、継続的に議論を重ねてきている場合、会議の本題に入る前に前回のおさらいから入ると、お互いの理解度が同じであることを確認できるので、スマートです。

そんなときに「前回のおさらいをします」ということをこなれた表現で言えるといいですね。

ここでの注目は **recap** (v)

もとはrecapitulate「要約する、繰り返す」という意味の動詞ですが、ビジネスの現場でrecapitulateと言う人はほとんどいません。**recap** という形さえ覚えておけばOKと覚えておきましょう。

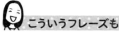 こういうフレーズも

Let me give you a quick recap.
ここまでのところを簡単にまとめます。

Let me give you a quick recap of the last meeting.
前回のミーティングの簡単なまとめをお話します。

Let me start with a quick recap of last week.
先週の簡単なまとめから始めます。

 こなれポイント❷

例文の中に **just** や **quick** をつけることで本題に入る前に「ざっと」まとめる、あまり時間を取らせない、というニュアンスを込めることも、ここでのポイントのひとつです。

そうすれば周りの人も、前回のおさらいはさっと済ませて、本題にスムーズに入っていく様を想像できるので、あなたの話に耳を傾けることでしょう。

こなれフレーズ 5

最近アキコさんに会いましたよ。
I recently saw Akiko.

こなれポイント

久しぶりに仕事仲間に会って近況報告をすることもあるかと思います。

その近況報告の中には、ほかの人に会った話や昔の同僚がどうしている、といったことが入ってくることもあるでしょう。
日本語で言うところの「最近◎◎さんに会いましたよ」に相当するのが、ご紹介した、

I recently saw Akiko.

recently は「最近」という意味です。
またここで使われる **see** は「会う」という意味です。

このように話しかけられたら、

How was she?
彼女はどんな調子でしたか。

などと切り返して、情報のキャッチアップをはかるといいでしょう。

 こういうフレーズも

I recently ran into Akiko.
最近アキコさんにばったり会いました。

I recently bumped into Akiko.
最近アキコさんにばったり会いました。

run into ～、**bump into ～** はともに「ばったり会う」という意味です。
物理的にぶつかる、という意味ではないので注意しましょう。

こなれフレーズ 6

彼女、どんな感じでしたか。
How was she?

こなれポイント

先ほどの74ページのように誰かに会った、と友達が言ったならば、その人がどうしているか聞きたくなりますね。

そんなときに使えるのが、

How was ～ ?
現在形は **How is ～ ?**

返答例

She was doing great.
彼女は元気そうでしたよ。

などと回答するといいでしょう。

ほかの返答例も見ておきましょう。

She was doing well.
彼女は元気そうでしたよ。

She looked great.
素敵でした。

She didn't look so happy.
彼女はあまり幸せそうではなかったです。

こなれフレーズ ⑦

どう思われますか。
What do you think?

こなれポイント

相手からフィードバックをもらいたいときに使えるフレーズです。

ただ、日本語で言うところの「どうだった？」に近いニュアンスです。よって、人によっては「いいと思います」「よくないと思います」といったざっくりとした回答しか返ってこないこともあります。

返答例

I think it's good.
（返答）いいと思います。

I don't think it's a good idea.
どうかと思います。

I want to wait and see.
様子を見たいと思います。

I think it's a great opportunity.
いい機会だと思います。

I think it's too early to say.
時期尚早だと思います。

I think it's too risky.
リスキーだと思います。

I think it's too expensive.
高すぎると思います。

なお、冒頭のフレーズは過去形だと、

What did you think?
どう思われましたか。

となります。

Part 3 ミーティング　信頼され、結果を出す

こなれフレーズ 8

それはそうですね
(いいところついていますね)。
That's a good point.

こなれポイント

いいコメント、考えや提案を受けたときに、同意する意向を示すフレーズです。
ここで使われている **point** は「提案、論点」という意味です。

Yes, I think so, too.（はい、私もそう思います）
も、相手に同意する上では正しい英語です。
が、いつも I think so, too. と言うだけだと、相手に同意する、つまり相手が主導権を握っているような、受け身な姿勢に捉えられてしまうこともあるかもしれません。

That's a good point.
と言うと、相手の論点を「よい」と、こちらが主体的に受けとめている姿勢を打ち出せるのです。

ちょっとした違いですが、相手のあなたに対する受けとめ方が変わるのを感じることでしょう。

080

例えば、

I really think we should take a step back and lay out the facts before jumping to a conclusion.
結論を急ぐ前に、一旦一歩引いて、事実を並べた方がいいと思います。

という意見に対して、

That's a good point.
それはそうですね。

と使えるわけです。

 こういうフレーズも

Good point.
そうですね。
That's a を取った形です。会話文では、これだけでも意味が伝えられます。

Good idea.
そうですね(いい考えですね)。

Good suggestion.
そうですね(いい提案ですね)。

That makes sense.
そうですね。

それなら分かる、それは道理にかなってる、という意味です。

make sense は「道理にかなう、筋が通っている、つじつまが合う」という意味です。会話で使うときは「そうですね、なるほど、言えてる」といったニュアンスになります。

こなれフレーズ ⑨

というかですね
そういえば
You know what,

こなれポイント

会話をしていて、「**そういえば**」といったように話題を変えたり、何かを言い出すときに相手の注意を促したいことはありますよね。
実は、私はよくあります。

そんなときにとても便利なのが、

You know what,

です。
話し言葉でいうところの「**あのさ、あのね**」に近いニュアンスです。

そのまま言いたいことを言うにはちょっと唐突かな、なんてときに使ってみてください。

Part 3 ミーティング　信頼され、結果を出す　　　083

話し合いなどが少し行きづまったときにでも、

You know what, I'm gonna go get some coffee. I think we need a break.
というか、ちょっとお茶（コーヒー）買ってきます。休憩した方がいいと思うんですよ。

と言ってみると、

Yeah, you might be right.
そうですね、そうかもしれません。

と、同意してもらう雰囲気になります。
それを、**You know what,** の前置きなしに、

I'm gonna get some coffee.
ちょっとお茶（コーヒー）買ってきます。

と言うと唐突な感じがしますし、もしかしたらこの人は怒っているのかな、といらぬ誤解を与えてしまうかもしれません。

ちょっと話題を変えたいとき、あるいはちょっとしたことを発言したいとき、相手の注意を促したいときに使えると覚えておきましょう。

◱ You know what? と言われたら

You know what?
あのさ、

と、聞かれたら

What is it?
なに？
なになに？

と返答してみましょう。相手の言いたいことを言うように、促してあげることができます。

Water-cooler talk

You know what 〜となる文

You know what 〜 といえば、「あなたは〜を知っている」となります。たとえば、

You know what it means. といえば、
「あなたはそれが何を意味するか、わかっているはずです」

You know what she's like. といえば、
「あなたは彼女がどんな人か、わかっているはずですよね」といったことになります。

疑問文 Do you know what 〜 の簡易な形、口頭で使う会話文として **You know what 〜?** とすることもできます。

You know what I love about living in Tokyo?
東京に暮らしていてすごくいいな、と思っていること、わかる？

You know what this is?
これが何だかわかるよね？

こなれフレーズ ⑩

場合によります。
It depends.

こなれポイント

ビジネスも人生も、すべてが白黒、Yes or No で完結するわけではありませんよね。いろいろなことが「場合による」ともいえるのではないでしょうか。

「仕事は楽しいですか」と聞かれても、仕事が充実していると感じるときと、なかなか楽しいとは言い難い作業をしているときとでは、質問に対する感じ方は異なってくる人もいると思います。

早い時間に出社する、という人でも通勤途中に事故があったり、前日の夜遅くまで眠りにつけなかったり、といったこともあるでしょう。そんな場合、柔軟に回答するには便利な言い回しです。

It depends. だけで文を終えられるときもあれば、語尾に、
It depends on ～ と文をつなげる場合もあります。

A： **Do you like working in the warehouse?**
倉庫で仕事をするのは好きですか。

B： **It depends. Sometimes, yes. Sometimes, no.**
場合によりますよ。いいと思うこともあるし、いやだなと思うこともあります。

＊　　　　＊

A： **Do you like working on your own?**
一人で仕事をするのが好きですか。

B： **It depends. Sometimes, yes. Sometimes, no.**
場合によりますよ。一人で仕事をするのがいいと思うこともあるし、そうでもないなと思うこともあります。

＊　　　　＊

A： **Do you like working in teams?**
チームで仕事をするのが好きですか。

B： **It depends on the team!**
チームによりますよ！

A： **Do you like working in teams?**
チームで仕事をするのが好きですか。

B： **It depends on the task!**
タスクによりますよ！

＊　　　　　　　＊

A： **Should I learn Spanish or Chinese?**
スペイン語と中国語、どちらを学んだらいいと思いますか。

B： **It depends on what you want to do or where you want to go.**
何をしたいかとか、どこに行きたいかにもよると思いますよ。

こなれフレーズ **11**

では、分担しましょう。
Let's divide the tasks.

こなれポイント

「タスクを分けましょう」という意味の英語です。
チームで仕事のタスクの分担を考えるときに便利な言い回しです。チーム仕事の際には、リーダーシップを発揮してひと言提案したいですね。

ほかには、

Let's divide up this project.
このプロジェクトを分担しましょう。

という表現もできます。

🔲 この会話の続き

では、この **Let's divide the tasks.** について同意が得られた際は、どのように会話を進めて行きましょうか。

自分が **Let's 〜** と提案した側であれば、リーダーシップを発揮して、分担作業を進めていきたいところです。

How do we want to divide the tasks?
どうやって分担しましょうか。
（タスクをどのように分けましょうか。）

周りに「これをやってくれる人はいないか」を問いかけをする場合は、

So who's taking A?
誰か、Aをやってくれる人はいますか？
（「Aをやるのは誰？」というのが直訳ですが、日本語のニュアンスは例文の通りです）

So は、書き言葉では文頭に来ることは基本的にはありませんが、話し言葉の場合は「では、じゃ」といったようにつなぎ言葉として使えます。

あるいは、

Who wants to do A?
（Aをやりたい人は？）

としてもいいでしょう。

Part 3 ミーティング　信頼され、結果を出す

Water-cooler talk

積極的にかかわるなら

司会をしていない場合は、自分から率先して手を挙げる積極性も打ち出したいですよね。
そんなときは、

わたしはBをやります。
I can do B.

あるいは、
I'll take B.

と言うといいでしょう。

パソコンの共有シートや、ホワイトボードに分担を書き出し、だいたいのところができたら「こんな感じでどうかな」と提案したいところ。
そんなときは、

これでどうですか。
How's this?

あるいは、

How does this look?

と言って、周りの意見を取り入れつつ、最終形を作成し、みんなの同意を得て役割分担を終えられます。

Water-cooler talk

物事を分解して、解決する

Let's divide and conquer.

仕事をしていて、チームメイトが発した言葉です。
divide and conquerといえば、「分割統治する」という意味で政治的な主旨や軍事的な主旨で使われるイディオムです。敵となる相手に対し「別々に話をして、口説き落とそう」、敵のグループを分裂（divide）し、一つずつ打ち負かしていく（conquer）ことから来ています。

……とすると、この人の言ったことはどういう意味なのか、と先日考えていました。
このことばに続いて、ほかのチームメイトは「じゃ、この仕事を分担するとしたら、マーケティング、オペレーション、プログラムの3つに分けられるのではないかな？」といったようにどんどん提案がなされました。
Let's divide and conquer. と言ったチームメイトは、日本語でいうところの「仕事を分担しよう」と言ったのではないかと私は理解しました。
実はコンピュータ・サイエンス用語で**divide and conquer（D&C）algorithms**は、ざっくり言うと、そのままでは解決できなさそうな大きな問題を、解決できるくらいのものに分解して、ひとつずつ解いていく手法なのだそう。
テクノロジーがどんな仕事にも関わってくるシリコンバレーでは、テクノロジー用語が日々の仕事に進出してきているのかもしれません。

こなれフレーズ 12

そろそろまとめに入りませんか。
Shall we start wrapping up?

こなれポイント

会議で話が盛り上がっていても、時間が近づいてきたらまとめに入らなければなりません。特に会議時間にシビアな人がメンバーにいれば、なおさらです。

そんなときに役立つのが「そろそろまとめませんか、そろそろまとめに入りませんか」という掛け声です。

wrap up は「(会議や仕事などを)終わりにする、切り上げる」という意味です。finish (終える、終わる) と同じような意味合いですが、より「まとめあげる、仕上げる」というニュアンスが入ります。

Let's start wrapping up.
そろそろまとめに入りましょう。

話し言葉では、語尾を疑問文のように上げて、
Let's start wrapping up?
そろそろまとめに入りませんか？

とするのもありです。

I guess it's time to start wrapping up?
まとめに入る時間かなと思いますが。

Water-cooler talk

ミーティングを終わらせるにあたって

What are the next steps?
次はどうしましょうか。
（ネクストステップは何でしょうか。）

Let's discuss the next steps.
解散する前に、次までにどうするか考えませんか。
（ネクストステップを話し合っておきましょう。）

Let's discuss the next steps before we go.
解散する前に、ネクストステップを話し合っておきましょう。

ミーティングをするからには具体的なアクションを挙げておくのが大切ですよね。話し合って終わり、ではミーティング自体の意味がなくなってしまいます。
次までに各自何をするかの具体的なアクションを挙げておくときによく使われる言い回しです。

こなれフレーズ 13

新しいプロジェクトが本当に楽しみです。

I'm really excited about the new project.

こなれポイント

「楽しみである、楽しみにする」というと真っ先に思い浮かぶのが **look forward to ～ ing** という人も多いのではないでしょうか。もちろん正しい解釈です。
特に初めて会う人とのミーティングなどの別れ際に「今後もよろしくお願いします」という気持ちを込めて、

I look forward to working with you.
一緒に仕事できることを楽しみにしています
（＝今後ともよろしくお願いします）。

と言うのはスマートに見える表現です。

では、ふだんはどうするか。あるいはふだんから会っている同僚や友達と、「先の予定が楽しみだ」と言うときはどのように表現するか。そんなときに便利なのが、

I'm really excited about ～
～が楽しみです。

excite は「興奮させる、エキサイトさせる」という意味が辞書を引くと真っ先に目に入ってくるので、日本語の感覚でいると、日常でそんなに興奮することはないし、ふだん使いの単語ではないような気持ちになりそうです。

ところが英語の感覚では「楽しませる」といった気軽なニュアンスが強いので、**excite** は実はふだん使いの単語なのです。

冒頭の例文のほかにも、
I'm excited about the weekend. We're going hiking to Lands End.
といえば、
週末が楽しみです。ランズエンドにハイキングに行くんですよ。

となります。ごくふつうの、楽しい週末の話です。

仕事仲間でも、友達の間でもよく使われる質問が、

What are you the most excited about right now?
今、一番楽しみなことは何ですか。

注：一部、口語的にWhat are you most excited about right now? という言い回しもよく聞きます。文法的に正しくはWhat are you the most excited about right now? となります。

Part 3 ミーティング　信頼され、結果を出す　　097

ふだん、淡々と日々を過ごしがちな私は、数人の場でこの質問が出るとドキっとして必死に応えをひねりだしています……。

周りの人はふだんから、ひとつひとつのことを楽しみに感じているからこそパッと応えられるのかなぁ、と周りの充実した人生、仕事ぶりにステキだなと思ってしまいますね。

あるいは、通訳の現場でも、カンファレスやパネルディスカッションの最後に、

What are you the most excited about right now?

とモデレータや司会者から質問が繰り出されることもあります。
「今、一番楽しみなことは何ですか」という意味ですが、つまりは「今一番力を入れていることは何ですか」とも置き換えられるような質問です。
聞かれた方も、会社の一押しプロジェクトや、今もっとも注目しているテクノロジーの話を回答として言うことが多い場面です。

みなさんは、いかがですか。

What are you the most excited about right now?

こなれフレーズ 14

私、そろそろおいとましないと。
I have to get going soon.

こなれポイント

「そろそろ行かないと」「そろそろおいとましないと」と言いたいときによく使われる言い回しです。同じような表現に、

I have to be going now.
私はもう行かなくてはなりません。

があります。

そして、ミーティングが終わったら、「いいミーティングでしたね」という気持ちを込めて、

Great work.
で締めるのもいいでしょう。

「いい仕事をした、いい仕事ぶりを発揮した」という意味で、チームを鼓舞しながらミーティングを終える、たのもしいフレーズとなります。

Part 3 ミーティング　信頼され、結果を出す

Part 4

カジュアル会話

オンでもオフでも、距離を縮める

なんといっても、
人と人の距離を縮めるのは
仕事の合間のちょっとしたひと言。
あいづち、ほめることば、励ますひと言を会話に加えるだけで、相手の反応ががらっと変わることを実際の場面で体験してみてください。
英会話に一層の自信と弾みがつきますよ。

こなれフレーズ 1

それはやばいね。
That's crazy.

こなれポイント

「それはやばいね」

……日本語でも「それはすごいね！」というポジティブな意味で使うこともあれば、「それはまずいね……」というネガティブな意味で使うこともありますよね。

英語にまったくの対になる表現はありませんが、似ているのがThat's crazy.「変わり者」あるいは「狂った」という意味で覚えている人も多いのではないでしょうか。

That's crazy.

は、かなりくだけたカジュアルな表現ですが、実はいろいろな場面で耳にしますし、こちらもあいづち代わりに使える表現です。

前向きに、肯定的な口調で言えば、

Wow! That's crazy!
ほんとうにすごいね！

と思っていることを相手に伝えられます。素晴らしい、すごい、最高だ、といった気持ちを表現していることになります。

逆に沈んだ口調で言えば、

Oh, no. That's crazy.....
うわ、それはまずいね。
それはないよね。
考えられないね。

といった、相手に同情しているようなニュアンスを伝えられます。

あるいは、怒った口調で、

That's crazy! と言えば、
それはないよ！

と怒っていることも表現できます。

Part 4 カジュアル会話 オンでもオフでも、距離を縮める　　103

Water-cooler talk

crazy は「忙しい」にも

ちなみに「忙しい」という意味でも口語で使える **crazy**。

It's been crazy lately.
最近とても忙しくって。

Things are crazy this morning.
今朝はやたらと忙しいんですよ。
今朝はバタバタしてしまって。

というようにも使えます。

こなれフレーズ ②

いいね。
Sounds good.

こなれポイント

「いいね」あるいは「いいですね」と相手に同意していることを伝える表現で、汎用性のある表現です。

一緒に昼食を取ろうと言っている友達同士の会話であれば、

A: **What do you want to do for lunch?**
ランチ、どうする？
(ランチはどうしたいですか？)

B: **Salad?**
サラダは？

A: **Sounds good!**
いいね！

という具合です。

Part 4 カジュアル会話　オンでもオフでも、距離を縮める

また、待ち合わせや時間の確認にも使えます。

A： **I'll see you tomorrow morning at 9?**
明日の朝9時でいいかしら？

B： **Sounds good.**
いいね。

あるいは日程の取り決めなどでも、

A： **How's Tuesday afternoon?**
火曜日の午後はいかがですか。

B： **Oh, sorry, I can't do Tuesday. How about Wednesday morning?**
あぁ、ごめんなさい。火曜日はだめなんですよ。水曜日の朝はいかがですか。

A： **Sounds good. 10 am?**
いいですね。では10時で？

B： **Great.**
いいですよ。

という具合に会話が進められます。

はい = Yes. だけではない表現で、日常会話もこなれた感じを出していきましょう。

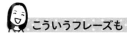 こういうフレーズも

Nice!
いいね。

Great idea.
すばらしいアイデアですね。

Sound good.
を使うのに慣れてきたら、語彙にバリエーションをもたせるためにも、文脈によって使っていきましょう。

こなれフレーズ ③

すごいね！
That's amazing!

こなれポイント

カリフォルニアにいることが多いからかもしれませんが、英語環境ではお互いにほめあう機会が多い気がします。

カリフォルニアは太陽がさんさんと降り注いでいるイメージからか（実際お天気がよい日は多いです）、住んでいる人も明るく、前向きだと思われているようです。わたし自身も実際に人と触れ合ってみたところ、明るくて前向きな人が多い印象を受けています。

カリフォルニアがどうかはさておき、会話をするからにはお互いに前向きになるような会話運びをしたいものです。
あいづちにしても「ふむふむ」とうなずくだけではなくて、「それはすごいね！」「やったね！」という感じのことが言えれば、相手も気持ちよく話すことができますよね。相手がノッてくれば、いろいろと情報を聞きだせるかもしれないし、そうではなかったとしても、やはりいい気分で話したいです。

そんなときにうってつけなのが、

That's amazing!
それはすごいね！

です。相手が「こんなことがあってね」とうれしそうに話してくれたらすかさず **That's amazing!** をあいづち代わりに使いましょう、話が盛り上がること請け合いです。

 こういうフレーズも

That's great!
それはすごいね。

すごいこと全般に使えて、カジュアルに日常使いができます。

That's incredible!
それはすごいね。

信じられないほどすばらしい。とてつもなくすごい、といった意味ですが、相手をほめる際にはこれくらいおおげさにしてみて相手の反応を見てみてください。「そんなことないよ」と言いながら、かなりうれしそうにしてくれるはずです。

That's wonderful!
それはすごいね。

すばらしい、ステキな、といったニュアンスを込められます。

Water-cooler talk

伝わるほめ方

日本人は恥ずかしいという気持ちが先行して、人をなかなかほめない、あるいは人をほめるのが苦手と受けとめられているようです。身に覚えのある人はいませんか。

大きなことではなくても普段から「いいね!」と感じて、それを声に出すクセをつけていきましょう。特に英語の世界では、ポジティブな雰囲気を作り出すことは大歓迎です。
私が住んでいるカリフォルニアは、アメリカの中でも「人が明るい場所」として知られているというのが実感できるくらい、友達同士や仕事仲間同士でほめあう雰囲気があります。

大きなことではなくても、たとえば日本語だったら「へー」とあいづちを打ってしまいそうなことも、私の周りでは **Great!** (すごいね)、**Awesome!** (すごいね)と言う人が多いです。相手のあいづちがこのような感じですから、会話の雰囲気もよくなり、話している人たちもいい気分になっているのがわかります。
ぜひ取り入れたい習慣です。

具体的になにかをほめる、というのはハードルが高い場合は、あいづちに上記のような **Great!** や **Amazing!** といったことばを使うことから始めましょう。

次には26ページで話したように、持ち物など身の回りのものをほめるのもいいでしょう。くれぐれも、肉体的なことを連想させるような発言はつつしんでくださいね。

◎ **I like your jacket.**
上着がステキですね。

◎ **That's a cool bag. Where did you get it?**
かっこいいバッグですね。どこで買ったんですか。

✕ *I like how you eat your lunch.*
あなたのランチの食べ方が好きです。
→ （食べっぷりをほめるつもりでも、「食べる」という行動をほめるのは肉体的な意図を連想させます）

ほめているようでほめていない言い方も、やめましょう。

✕ *You're more intelligent than you look.*
見かけよりも、賢いじゃないですか。
→ 「頭が弱そうなルックスですね」と言っているようなものです。

✕ *You look great considering your age.*
年の割には、かっこいいじゃないですか。
→ 「若作りですね」と、相手には受け取られます。

✕ *That presentation went surprisingly well!*
先ほどのプレゼンテーションは、驚くほどうまくいきましたね。
→ 本当はプレゼンはうまくいかないと思っていた、というニュアンスが含まれていて嫌味です。

Part 4 カジュアル会話　オンでもオフでも、距離を縮める

なんだかほめるのも難しそう、と思ったり、迷ったりしてしまったら、
あまり凝った言い方にはせずに、

Great!

Amazing!

などから始めましょう。

Water-cooler talk

スマートにほめ言葉を受けとめる

ほめられるとちょっとくすぐったい気持ちになるかもしれません。
ほめられても、日本語で「いえいえ」「そんなことはありません」と言ってしまうように、たとえば、

No, I wasn't that good at all.
いいえ、私なんて全然うまくなかったですよ。

No, I did better in the rehearsal.
いいえ、リハーサルの方がうまくいったんですよ。

と、相手のほめ言葉を否定してはいけません!
ほめた相手のことをも否定していることになってしまいます。

では、ほめ言葉をスマートに受けとめるにはどうしたらいいか、考えてみましょう。

実はとっても簡単なのです。なにかをほめられたら、

Thank you.

あるいは、

Thanks.
ありがとう(ありがとうございます)。
と素直に一旦受けとめる。これだけでOKなのです。

Part 4 カジュアル会話 オンでもオフでも、距離を縮める

Thank you. にひと言つけ足すとしたらどうするか。
たとえば仕事ぶりなどをほめられたら、

Thank you. I'm glad it worked out so well.
ありがとうございます。うまくいってよかったです。

一緒に仕事をした仲間にほめられたら、**Thank you.** と一旦受けてから、相手のこともお返しにほめるのもいいですね。

Thank you. You know, you did a great job, too!
ありがとう。あなたもすごくよかったですよ。

相手の仕事のサポートや手伝いをしたことをほめられたら、

Thank you. I'm happy I could help.
ありがとうございます。お手伝いできてうれしく思います。

と素直にほめ言葉を受けとめましょう。そうすることで、ほめてくれた人をも一層前向きな気持ちにできて、職場の雰囲気がよくなりますね。

こなれフレーズ 4

それはよかったですね!
Good for you!

こなれポイント

「こんな(いい)ことがあった」といった報告を受けたり、「こんな(すごい)ことができた」という話になったりした際にはすかさず、

Good for you! それはよかったですね!

と、相手をほめたたえましょう。

Wow! わお!
Nice! いいね!

といった表現でももちろん相手にとってはうれしいあいづちだと思いますが、「よくやったね」といったニュアンスを込められるのでオススメです。

Part 4 カジュアル会話 オンでもオフでも、距離を縮める 115

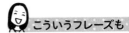 こういうフレーズも

Good for them!
それはよかったですね。
(その場にいない人たちの話)

「あの人たちはこんな成果をあげたらしい」という話を聞いたら、「へー」という反応だけではなくて、その人たちをほめたたえられる、

Good for them!

を使いましょう。日本語で言えば「それはすばらしい」「それはすごい」というイメージです。人のことをたたえ、人の幸せを一緒に喜べる、余裕がある大人な印象を与えられますね。

こなれフレーズ 5

大丈夫ですよ。
You're going to be fine.

こなれポイント

口語調であれば、

You're gonna be fine.

と言うこともできます。

こういうフレーズも

Things are going to be fine.
大丈夫ですよ。

ものごとは大丈夫になりますよ、というニュアンスです。
口語であれば、going to be の代わりに **gonna be** でも問題ありません。

Everything's going to be all right.

すべては大丈夫になりますよ。

all right は「大丈夫で、問題ない」という意味です。

You're going to get through this.

ちゃんと乗り越えられるよ。

get through はここでは「乗り切る、切り抜ける」という意味です。

こなれフレーズ 6

行けなくて残念！
I'm so sorry I missed it!

こなれポイント

いろいろなお誘いを受けることもあるでしょう。なるべくならすべてに Yes と言いたいところだけれども、やむを得ず断ることも出てくるかもしれません。

そんなときに「行けなくて残念」「行けなくて申し訳ない」という気持ちを伝えられる表現です。

I'm so sorry to have missed it.
も同じ意味です。

こういうフレーズも

I'm so sorry I missed your party last night.
昨晩のパーティに行けなくて残念でした。

Part 4 カジュアル会話　オンでもオフでも、距離を縮める

こなれフレーズ **7**

メール見ました。
I got your email.

こなれポイント

英語でメールのやりとりが多くなってきた、という話はよく聞きます。
今までのように実際に会ったり、電話で話したり、ということよりも、時差やコストをそこまで気にしなくて済むメールのやりとりは、海外の人とやりとりするには最適です。

SMSテキストやメッセンジャーなどのツールは普及しても、やはり現在でもビジネスにはメールを使う、という人も多いのではないでしょうか。

ただ、日本語でのメールのように「お世話になっております」などの書き出しの定型句がない英語のメールでは、書き出しに戸惑う人も多いのではないでしょうか。

英語のメールは、本題あるいは結論から書き出す、というのが理想ですが、少しだけ前置きしたい、という際に使えるのがこのフレーズです。

相手のメールを読んで、それに対して返答している、ということからメールを始められれば、スムーズに本題につなげていけそうです。

ここで使っている **got**（getの過去形）は、実は口頭の方が多く使われる単語です。くだけた印象を与える単語なので、書き言葉ではなるべく使わない、という海外の人も多いです。

ただ、かしこまった書き方をする方が相手を構えさせてしまいますので、普段からやりとりをしている相手などであれば、**got** を使ってもいいでしょう。

このフレーズは、口頭でもそのまま使えます。
メールをもらったのに返信をしていない社内の人に偶然会ってしまった、などの場面で、

Hey, I got your email but I haven't had the time to respond.
あ、メール見ましたよ。ちょっと時間がなくてまだ返信していないんです。

と、まずは伝えれば、気まずい思いをしなくて済みますね。

相手も、
No problem.
問題ないですよ、気にしないで。
というように返してくれるでしょう。

 こういうフレーズも

I received your email.
メールを受け取りました。

こちらの方が少し丁寧な印象を与えます。上司や社外の人に対してはこちらを使うといいでしょう。

こなれフレーズ ⑧

メールに返信していなくてごめんなさい。
I'm sorry I haven't responded to your email.

こなれポイント

メールなどで、謝罪から入るのは、最初から相手への印象を下げてしまうので、なるべく避けた方がよいことではあります。

しかし、相手からのメールにしばらく返信できていなかった場合、しらじらしく本題に入るのははばかられる……と思ったら、素直に最初に切り出してしまうのもひとつの礼儀ではありますよね。

そんなときに使えるのがこのフレーズ。
I'm sorry that - の構文で、**that** は入れても入れなくても通じます。

こういうフレーズも

I'm sorry it's taken me some time to respond to your email.
メールに返信するのに時間がかかってしまって、申し訳ありません。

Part 4 カジュアル会話 オンでもオフでも、距離を縮める

こなれフレーズ ⑨

メールがたまってしまっていて。
I'm way behind on emails.

こなれポイント

123ページの、

メールに返信していなくてごめんなさい。
I'm sorry I haven't responded to your email.

につなげて書いたり、あるいは話し言葉としても使えるフレーズです。

be behind on 〜 は、「〜がたまっている、滞っている」という意味です。

way は、この場合は強調で入れています。
メールがたまりにたまってしまって、と少し大げさに言うことで、なかなか相手のメールに返信できなかったことを伝えられます。

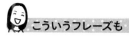 こういうフレーズも

I've been swamped with work.
仕事が忙しくて。

*　　　　　　　*

(参考) **be behind on ～** を使った例文

She is behind on her rent.
彼女は家賃を滞納している。

They are behind on their bill.
彼らは請求書の支払いが滞っている。

こなれフレーズ 10

問題ないですよ（大丈夫ですよ）。
No problem.

こなれポイント

何かができていなくて、相手に謝られたときに使えるこなれ表現です。

123ページのように、メールに返信できていない、などと言われた際に、

No problem. 大丈夫ですよ。

と伝えてもいいでしょう（深刻な遅れでなければ！）。

相手が謝ってくる場合、多くはあまり気にしなくてもよいことだったりしませんか。
そんなときに「大丈夫ですよ」とさらっと使える表現です。

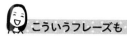 こういうフレーズも

No worries.
心配しないで(大丈夫ですよ)。

* *

また **No problem.** は、相手から何かを依頼されたときや、相手から感謝されたときの返答としても使えます。

例)

A: **Could you send me the Ross document? I can't find it.**
ロス社の書類を送っていただけますか。見つけられなくて。

B: **No problem.**
いいですよ。

例)

A: **Thanks so much!**
ほんとにありがとう!

B: **No problem.**
いいえ、どういたしまして。

Part 4 カジュアル会話　オンでもオフでも、距離を縮める

こなれフレーズ ⑪

（〜したら）お知らせします。
I'll let you know.

こなれポイント

「知らせる」は辞書で引くと inform や tell, signify…. などと出てきて、「お知らせしますね」とさらっと言いたいときも I will inforn you 〜　となり、堅い、あるいはちょっとしたスパイのようなイメージを与えてしまいかねません……（inform の派生語 informant は「密告者、情報提供者」という意味でよく使われるため、inform を使うとこの方向を連想する人もいるようです）。

そんなときに便利なのが **let 人 know** という言い方。

ここでは **I'll let you know** をベースにして、いろいろと語尾を付け足しながら、応用例を見ていきましょう。

I'll let you know when I have more information.
もっと情報が得られたら、お知らせします。

I'll let you know how it goes.
ことの経過をお知らせしますね。

I'll let you know as soon as I get a hold of him.
彼と連絡が取れ次第、お知らせします。

I'll let you know tomorrow.
明日、お知らせします。

「ちょっと伝えておきたかった」という「ちょっと」のニュアンスを付けたいときは **just** を使うと、よりこなれた感じがします。

I just wanted to let you know.
ちょっとお伝えしておこうと思って。

I just wanted to let you know that I won't be coming to the office on Monday.
月曜日にはオフィスに来ない、ということをちょっとお伝えしておきますね。

I just wanted to let you know that I'll be working from home on Friday.
金曜日は在宅勤務の日だということを、ちょっとお知らせしておこうと思って。

Part 4 カジュアル会話　オンでもオフでも、距離を縮める

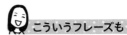 こういうフレーズも

逆に、「教えて」というときには **let me know** の形で使えます。

Let me know!
(わかったら)教えてください。

Let me know when you're better.
元気になったら教えてください。

Let me know if you're available.
あいていそうだったら教えてください。

Let me know when you're available.
あいている時を教えてください。

Water-cooler talk

私がオフィスで 最近よく見かける省略形

予定のすり合わせをしていて、知人が送ってきた省略形に、

LMK!

というのがありました。
今回ご紹介した **Let me know** 〜の省略形なのだそう。
〜だったら教えて、ということを指して使うようで、私の周りで見かけるようになりました。

129ページで紹介した **work from home** も、実は **WFH** と省略してシリコンバレーの企業で使われることが多くなってきているようで、しばしば見かけます。たとえば、会社の共有カレンダーに Emiko WFH と書いてあれば「えみこさんは在宅勤務の日」だということになります。

あるいは、
I'll be WFH on Friday. といえば
I'll be working from home on Friday.
金曜日は、私は自宅から仕事をします。

という意味です。

ほかにも、オフィス関連用語で、最近目にする省略形を少しご紹介しましょう。

Part 4 カジュアル会話 オンでもオフでも、距離を縮める

OOO (Out Of Office)
オフィスに不在、外勤、オフィス外労働

I'll be OOO from September 5 to 10.
9月5日から10日まで、オフィスを留守にします。

初めてこのOOO（大文字のO̅が3つ並ぶ）を見たときは、日本語でいうところの「マルマルマル＝○○○」、つまり言葉をこれから書き足すのか、言えない何かをしているのか?!と混乱してしまいました。周りの人に聞いて初めて**Out Of Office**の略として使われていると知りました。

これら**WFH**や**OOO**は、もしかしたらリモートワークなどが進んだシリコンバレーだから多く使われるのかもしれませんが、これから浸透していくか、私も注目して見ていきたいと思います。

ETA (Estimated Time of Arrival)
予測到着時刻

What's the ETA?
いつ頃到着しそうですか。

I'm running late. ETA 10:15.
ちょっと遅れています。到着するのは10:15頃です。

EOD（End of Day）
一日の終わり

Please submit this assignment by EOD today.
アサインメントは本日中に提出してください。

参考）
EOW といえば **End of Week**（週の終わり）、
EOM は **End of Month**（月の終わり、月末）です。

PFA（Please find attached）
添付をご確認ください。

PFA the pictures from the event last week!
先週のイベントの写真を添付にてご確認ください。

AFAIK（As far as I know）
私の知る限りでは、

AFAIK, he won't be coming to the office next week.
私の知る限りでは、彼は来週オフィスには来ないそうです。

BTW（By the way）
ちなみに、

BTW, the new design looks amazing!
ちなみに、新しいデザインとても素敵ですね！

IMO (In my opinion)
私の意見では、

IMO, the second tagline conveys the message better than the first one.
私の意見では、二番目のタグラインの方が、一番目のものよりもメッセージをよりしっかりと伝えていると思います。

CTA (Call-To-Action)
行動を誘発するもの
日本語でも、特にデジタルマーケティングに関わるビジネスパーソンの間では「**コール・トゥ・アクション**」とカタカナで使用している人も多いでしょう。

We need to make the CTA more compelling.
コール・トゥ・アクションをもっと魅力的にしないといけないですね。

compelling は、「魅力的な、説得力のある、人の心を離さない、抵抗しがたい」という意味です。
状況としては、広告などについて議論する場面で、広告を見た消費者にどのような行動(クリックして商品を買う、クリックしてアプリをダウンロードする、表示されている電話番号に電話をかける、など)を取ってほしいかを明確に打ち出さないといけない、と議論をしている場面が想定できます。

ただ、省略形も会社や人によっても使うもの、使う頻度が変わってきますので、自分がやりとりをしている人たちのやりとりを見ながら、使っていきましょう。相手が使っているものを、自分も使う、という程度のさじ加減がオススメです。

こなれフレーズ ⓬

また連絡します。
I'll get back to you.

こなれポイント

「また連絡する」ということを英語に訳そうとして、
I will contact you again.
としてしまうと堅いし、何度も同じことで問い合わせて
きそうなコワイ印象を与えてしまいそうです。

堅い、あるいはしつこそうな印象を与えずに、さらっと
使いたいフレーズが、

I'll get back to you.

です。

get back to 人 で、その人に折り返し連絡をする、あ
らためて連絡する、といった意味合いです。

Part 4 カジュアル会話 オンでもオフでも、距離を縮める

たとえば、

Can I get back to you on this?
と言えば、

この件で、またご連絡してもいいですか。

という意味です。何かを聞かれてすぐに回答できなくて、確認してからあとで連絡したい、と伝える場合などに便利です。

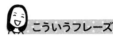 こういうフレーズも

I'll get back to you with details.
詳細をまたご連絡いたします。

I'll get back to you when I know more.
もっと状況がわかったら、またご連絡いたします。

Let me get back to you.
また連絡します。
直訳は「また連絡させてください」ですが、日本語の「また連絡します」と同じニュアンスです。

こなれフレーズ ⑬

わかりました / オッケー。
Got it.

こなれポイント

相手の言うことに同意するとき、どんな英語で返していますか。

日本語でいうところの「はい」あるいは「なるほど、わかりました、オッケー」の話し言葉。慣れない英語で話しているとつい緊張して、同意の意思をすべて Yes. と言ってしまいがちです。

あるいは、激しくうなずきながら、

Yes, yes.
はい、はい。

Yes, yes, yes!
はい、はい、はい！

と何度か Yes を繰り返すクセのある人はいませんか。

同意の意図は伝わるかもしれませんが、英語慣れしている感じにはなりませんし、「こなれ」感からは遠くなってしまいそうです。

あるいは、

Okay.
OK!
（オッケー）

も、日常使いできる便利な表現ですが、使い方や言い方によっては相手を軽く受けとめているように誤解されてしまうこともあります。

こんなときに便利なのが **Got it.**

相手の言っていることを理解した、わかりました、ということを伝える際の **I got it.**（わかりました）のよりこなれた言い方です。

 こういうフレーズも

Right.
そうですね。

こなれフレーズ 14

はい / いいですよ。
Sure.

こなれポイント

先ほどの137ページ **Got it.** にも似た言い回しで便利なのが、**Sure.**
相手の依頼や申し出などに対して「いいですよ」と伝える際に使えます。

Okay. オッケー。
では軽く受け取られてしまうこともあるので、**Sure.** を押さえておくといいでしょう。

Sure. は上司や目上の人、クライアントなどにも使えますし、同僚、後輩や友達などにも使える、相手を問わない表現です。

たとえばお店などで、お客さん側の依頼に対して「承知しました」と言いたい場面で使えば、丁寧な言い回しとなります。友達の間で「これをお願い」と言われた場合にも、日本語で言うところの「いいよ」というニュアンスでも使える便利な表現です。

Epilogue

海外との仕事を長年してきて、世界各地に友達はいますが、仕事をしたり友達と話すほど、私も日々新しい表現を学んでいると感じます。それまで触れたことがない表現に触れることもしょっちゅうです。

また、日本語と同様、英語も生き物であるゆえに、新しいテクノロジーや概念が出てくれば、それに応じて新しく出てきた英語表現を身につけなければと思います。

各地に新しい友達ができて、彼らと「英語」について語ることもあります。そんな中で、英語表現に苦労しているのは私だけではないし、日本人だけではないのだな、と感じることがあります。

アメリカで友達数人と話しているときに、トルコ人男性がこんな話を披露してくれました。いわく、

「この前コーヒーを買いに行ったら、
『それであなた、部屋は要るの？』って聞かれてさ。
え、ここはカフェじゃなかったの？って思って
『ここはホテルなんですか』って聞き返したら、相当けげんな顔をされたよ」

とのこと。

私もこの話を聞いたときは、いったい彼は何を言っているのだろう、思ってしまいました。彼は本当にカフェに行ったのか？それともうっかりホテルのチェックインカウンターでコーヒーを注文してしまったのか……。

一緒に話を聞いていたアメリカ人もみな一同に「ん？」という表情で、私たちの頭上には「？」（はてなマーク）が飛んでいるかのようでした。

話の続きを聞いてみると、実はそのときお店の人が言ったのは、

Would you like room for cream?

だった、とのこと。
トルコ人の友達は「Would you like room 、、、」くらいまでが聞き取れて、とっさに「部屋は要りますか」と解釈してしまったようなのです。

Would you like room for cream?

は、
「（コーヒーに）クリームを入れる分のスペースを取っておきますか」
という意味。コーヒーを注文して、「どれくらいまで入れても大丈夫ですか」という質問です。アメリカでコーヒーなどの飲み物を注文すると、大抵はなみなみとついでくれます。よって、

Epilogue

ブラックで飲む人にはコップのふちまでコーヒーをついでくれるのです。クリームやミルクなどを入れる人には、その分だけ少なめにつぐのです。

どこまでコーヒーを入れたらいいのかを確認するために、必ず聞かれるのが

Would you like room for cream?

です。

カフェで働かない限り、このフレーズを言えるようになる必要はありませんが、コーヒーを注文する場合には理解すべき必須のフレーズです。

ちなみにこの質問に対する返答ですが、ブラックで飲む場合は、

No, I'm good.
いいえ（クリームの分をあけておかなくて）、けっこうです。

クリームやミルクを入れる場合は、

Yes, please.
Yes, thanks.
はい、お願いします。

Just a little bit, thanks.
少しだけ（あけておいてください）。

などと応えられるといいでしょう。

いわずもがな、英語を外国語として学ぶ人は、日本人だけではなく、世界中にたくさんいます。

私も、今でもときどき相手の言っていることがわからなかったり、自分の言いたいことがあまりうまく伝わっていないなと感じることがあったりします。

育ってきた背景が違えば、文化的なコンテキストも違いますので、外国語を学ぶ、しかもネイティブスピーカーにも一目置かれるようなスマートさを打ち出す……というのは、実はハードルの高いことと感じるかもしれません。

それでも、私は「こなれた表現」を身につけることは、場慣れした雰囲気をつくる大切な第一歩だと思っています。相手に安心感を与えられたり、すぐに打ち解けられたりすると、話が早いからです。

ほかの人には言わないことも共有してもらえたりもするかもしれません。そこからビジネスチャンスが広がったり、あるいはパーソナルな付き合いが深まって友情が一歩深まったりするかもしれません。

そうなると、異国に自分を頼ってくれるビジネスパートナーができたり、ちょっとしたヒミツを共有する新しい友達ができたりします。ビジネスなどの実利の面ももちろんですが、これらの積み重ねが、人生そのものに少しずつ彩りを与えてくれるの

Epilogue

ではないかと思うのです。

そして人生は、こういうことの繰り返しがあるのが楽しいのではないかな、と思うのです。

英語を学ぶからには、資格試験の点数を上げたりするだけではなく、実際に人と対話をして、心を通わせあいたいですよね。

必要に迫られて英語でビジネスをしないといけない、という場合もあるかもしれませんが、それは「しなければならないツライこと」ではなくて、自分の世界をより一層広げる機会であり、今まで会うことがなかった人と出会って打ち解けあうチャンスです。

ちょっとしたひと言が言えるだけで、そのチャンスはぐっと引き寄せやすくなります。

この本は、私の経験上、そのきっかけとなりうるような「ひと言」たちを集めました。実際に英語で人と対話するときに使えるフレーズばかりです。

ふだんからこれらのフレーズを心にとどめておいて、いざというときに「あ、これだ」と、心の奥底ではドキっとしながらも、
表情は平静に、
さらっと
さりげなく
使ってみてください。

相手から一目置かれること請け合いです。

相手の表情が変わるのは、あなたに心を開いた証です。
そこから自分の話したい話をしたり、さらにつっこんだ質問を
相手にしたり、会話を楽しんでみてください。

今度お目にかかるときは、

「この本の、このフレーズを使ったら、相手の表情がやわらいだ」

あるいは、

「こんなフレーズを使ったら、相手の表情がぐっと引き締まっ
て、真剣なまなざしになった」

そんな体験を教えてください。

それまでお互いに英語、そして仕事に人生に、がんばっていき
ましょう。

関谷英里子

Index

本文で紹介した「こなれフレーズ」をページ順に一覧にしました。
英語は、日本語文の直訳ではないものも多数ありますが、「こういう日本語は、英語だったらこのように表現するんだな」というように解釈して、リラックスした気持ちで、空き時間などに眺めてみてください。

ページ	日本語文	英文
020	**はじめまして。**	**Nice to meet you.**
021	（返答）はじめまして、ヤスです。先週お電話でお話させていただきました。	Nice to meet you, too. I'm Yasu. We spoke on the phone last week.
023	（えりこさん、お名前の発音合っていますかね）	Eriko, am I pronouncing your name correctly?
025	**やっとお会いできましたね。**	**It's so nice to finally meet you in person.**
	実際にお会いできてうれしいです。	It's so nice to meet you in person.
	名前とお顔を一致させることができてよかったです。	It's so nice to put a face to the name.
026	ネクタイ、ステキですね。	I like your tie.
027	かっこいいスマホですね!	That's a cool phone!
028	**いろいろとお話は伺っております。**	**I've heard so much about you.**
029	わたしも（いろいろとあなたの話は伺っています）。実際にお会いできてうれしいです。	Likewise. It's a pleasure to finally meet you.
	悪いことではないといいのですが!	Nothing bad I hope!
	まぁ、（いろいろと話をお聞きになったあとも）友達でいられるといいのですが。	Well, I hope we can still be friends.
030	**お会いできてうれしいです。** **お会いできて光栄です。**	**It's a pleasure to meet you.**
	わたしも（うれしい）です。	Likewise.
031	（再会の場面で①）ご無沙汰しております。 ＝またお会いできてうれしいです。	**Nice to see you again.**

ページ	日本語文	英文
033	(再会の場面で②)おかえりなさい。	**Welcome back!**
	戻ってこられて何よりです。	It's great to have you back. / (It'sを省略して) Great to have you back.
034	**おかけください。**	**Please have a seat.**
035	(着席を促して)どうぞ。(カジュアル表現)	Have a seat.
036	**飲み物をお持ちしましょうか。**	**Can I get you anything to drink?**
	ご自由にどうぞ。	Help yourselves.
	コーヒーか紅茶、ご自由にどうぞ。	Help yourselves to coffee or tea.
038	(初対面の別れ際) **お会いできてよかったです。**	**It was nice meeting you.** **Nice meeting you.**
039	お会いできてよかったです。	It was great meeting you.
	(わたしも、あなたと)お会いできてよかったです。	It was nice meeting you, too.
040	お会いできてよかったです。	It was nice seeing you. / Nice seeing you.
041	**今後とも、よろしくお願いいたします(=またお会いできるのを楽しみにしています)。**	**I look forward to seeing you again soon.**
	よろしくお願いします。 (またのご連絡を楽しみにしています)。	I look forward to hearing from you soon.
042	またお会いできるのを楽しみにしています。	Looking forward to seeing you again soon.
	またのご連絡を楽しみにしています。	Looking forward to hearing from you soon.
043	バーイ!	Bye!
	またねー	See you! / See ya!
044	また会えてよかったです。	It was so great seeing you.
	では、また。	See you soon.
	ではまたー / じゃねー	See you later!

ページ	日本語文	英文
046	**会ってお話させていただけますか。**	**Do you think we could discuss this face-to-face?**
048	ミーティングを設定しませんか。そちらのオフィスまで伺いますよ。	Could we set up a meeting? I can come to your office.
	デスクまで行きますよ。	I can come to your desk.
049	会議室を予約しますよ。	I can reserve a conference room.
	会議室を確保しますよ。	I can get us a conference room.
050	**第2フェーズについて相談させてください。**	**I'd like to get your advice on Phase 2.**
051	第2フェーズについて相談させてください。	I'd like to get your input on Phase 2.
	第2フェーズについて相談させてください。	I'd like to get your opinion on Phase 2.
052	**来月の第2週はいかがですか。**	**How about the second week of next month?**
	月曜日はいかがですか。	How about Monday?
	火曜日の午後2時はいかがですか。	How about Tuesday at 2 pm?
	明日の晩はいかがですか。	How about tomorrow night?
	9月の第1週はいかがですか。	How about the first week of September?
053	リタズ・コーヒーで会うのはいかがですか。	How about we meet at Rita's Coffee?
	そちらのオフィスに（わたしが）伺うというのはいかがですか。	How about I come to your office?
	ランチ（のときに会うというの）はいかがですか。	How about lunch?
054	**残念ながら、その週はいないのです。**	**I'm afraid I won't be here that week.**
	残念ながらその週は都合が悪いのです。	I'm afraid I won't be available that week.
055	**いつがご都合よろしいでしょうか。**	**When would you be available?**
	わたしは手が空いています（対応できます）。	I'm available.
	わたしは火曜日は手が空いています（対応できます）。	I'm available on Tuesday.

ページ	日本語文	英文
056	（あいにく）彼女は席を外しています。	She's not available right now.
	彼は2時間もすれば対応できます。	He'll be available in a couple of hours.
	（電話の会話） ギブズさんはいらっしゃいますか?	Is Ms. Gibbs available?
057	**その週はちょっとキツイです。**	**I have a tight schedule that week.**
058	その週はけっこうタイトなスケジュールです。	I have a pretty tight schedule that week.
	その週はスケジュールがけっこう キツイのです。	My schedule is quite tight that week.
059	**苦手なものとか、ございますか。**	**Do you have any food restrictions?**
060	食事で制限されているもの、アレルギーな ど、わたしが知っていた方がよいことはあり ますか。	Do you have any food restrictions, allergies or anything that I should be aware of?
061	食べ物で苦手なものはございますか。	Is there any food that you don't care for?
	食事のお好みはありますか。	Do you have any preference on food? / Do you have any food preferences?
062	食事のお好みはありますか。和食でもよろ しいですか。	Do you have any preference on food? Would Japanese be okay? / Do you have any food preferences? Would Japanese food be okay?
064	**最近、どうですか。** **お元気ですか。**	**How's it going?**
065	お元気ですか。	How're you doing?
	（いろいろなことの）調子はいかがですか。	How's everything?
	元気? 最近どう?（カジュアル表現）	What's up?
066	元気ですよ。	Good, thanks.
	元気ですよ。	Fine, thanks.
	大丈夫ですよ。	Okay.
	元気ですよ。	I'm doing well.
	おかげさまで、元気ですよ。	I'm doing well, thanks.

ページ	日本語文	英文
067	(調子は)いいですよ。	It's going well.
	おかげさまで、(調子)いいですよ。	Very well, thanks.
	まぁ、元気ですよ。	Not bad.
	まぁ、大丈夫なんじゃないかな。	I guess I'm all right.
068	**○○はいかがですか。**	**How is ○○ ?**
	お仕事はいかがですか。	How's your business?
	ご家族はいかがですか。	How's your family?
	新しいプロジェクトの調子はいかがですか。	How's your new project coming along?
069	新しいマンションはいかがですか。お引越しをされたと聞きましたよ。	How's your new apartment? I heard you moved.
	ニューヨークでの生活はいかがですか。	How's life in New York?
	お元気ですか。 (生活全般について尋ねている)	How's life?
070	**フライトはいかがでしたか。**	**How was your flight?**
071	まぁまぁでした。	It was okay.
	大丈夫でした。(可もなく不可もなく)	It was fine.
	すごくよかったですよ。ずっとぐっすり寝ていました。	It was great. I slept all the way.
	すごくよかったです。仕事がはかどりました。	It was great. I managed to catch up on work.
	すごくよかったです。3本も映画を見てしまいました。	It was great. I got to watch three movies!
072	**不在だった方のために、前回のまとめから入りますね。**	**I'm just going to recap some points for those who weren't here last week.**
073	ここまでのところを簡単にまとめます。	Let me give you a quick recap.
	前回のミーティングの簡単なまとめをお話します。	Let me give you a quick recap of the last meeting.
	先週の簡単なまとめから始めます。	Let me start with a quick recap of last week.

ページ	日本語文	英文
074	**最近アキコさんに会いましたよ。**	**I recently saw Akiko.**
075	最近アキコさんにばったり会いました。	I recently ran into Akiko.
	最近アキコさんにばったり会いました。	I recently bumped into Akiko.
076	**彼女、どんな感じでしたか。**	**How was she?**
	彼女は元気そうでしたよ。	She was doing great.
077	彼女は元気そうでしたよ。	She was doing well.
	素敵でした。	She looked great.
	彼女はあまり幸せそうではなかったです。	She didn't look so happy.
078	**どう思われますか。**	**What do you think?**
079	（過去形）どう思われましたか。	（過去形）What did you think?
078	いいと思います。	I think it's good.
	どうかと思います。	I don't think it's a good idea.
	様子を見たいと思います。	I want to wait and see.
079	いい機会だと思います。	I think it's a great opportunity.
	時期尚早だと思います。	I think it's too early to say.
	リスキーだと思います。	I think it's too risky.
	高すぎると思います。	I think it's too expensive.
080	**それはそうですね （いいところついていますね）。**	**That's a good point.**
	はい、私もそう思います。	Yes, I think so, too.
081	結論を急ぐ前に、一旦一歩引いて、事実を並べた方がいいと思います。	I really think we should take a step back and lay out the facts before jumping to a conclusion.
	そうですね。	Good point.
	そうですね（いい考えですね）。	Good idea.
	そうですね（いい提案ですね）。	Good suggestion.

ページ	日本語文	英文
082	そうですね。	That makes sense.
	というかですね / そういえば	**You know what,**
084	というか、ちょっとお茶（コーヒー）買ってきます。休憩した方がいいと思うんですよ。	You know what, I'm gonna go get some coffee. I think we need a break.
	そうですね、そうかもしれません。	Yeah, you might be right.
085	なに？ / なになに？	What is it?
086	あなたはそれが何を意味するか、わかっているはずです。	You know what it means.
	あなたは彼女がどんな人か、わかっているはずですよね。	You know what she's like.
	東京に暮らしていてすごくいいな、と思っていること、わかる？	You know what I love about living in Tokyo?
	これが何だかわかるよね？	You know what this is?
087	**場合によります。**	**It depends.**
088	一人で仕事をするのが好きですか。	Do you like working on your own?
	場合によりますよ。一人で仕事をするのがいいと思うこともあるし、そうでもないなと思うこともあります。	It depends. Sometimes, yes. Sometimes, no.
	チームで仕事をするのが好きですか。	Do you like working in teams?
	チームによりますよ!	It depends on the team!
089	タスクによりますよ!	It depends on the task!
	スペイン語と中国語、どちらを学んだらいいと思いますか。	Should I learn Spanish or Chinese?
	何をしたいかとか、どこに行きたいかにもよると思いますよ。	It depends on what you want to do or where you want to go.
090	**では、分担しましょう。**	**Let's divide the tasks.**
	このプロジェクトを分担しましょう。	Let's divide up this project.
091	どうやって分担しましょうか。	How do we want to divide the tasks?
	誰か、Aをやってくれる人はいますか？	So who's taking A?

ページ	日本語文	英文
091	Aをやりたい人は?	Who wants to do A?
092	わたしはBをやります。	I can do B. / I'll take B.
	これでどうですか。	How's this?
	これでどうですか。	How does this look?
093	では、分担しましょう。	Let's divide and conquer.
094	**そろそろまとめに入りませんか。**	**Shall we start wrapping up?**
	そろそろまとめに入りましょう。	Let's start wrapping up.
095	まとめに入る時間かなと思いますが。	I guess it's time to start wrapping up?
	次はどうしましょうか（ネクストステップは何でしょうか）。	What are the next steps?
	解散する前に、次までにどうするか考えませんか（ネクストステップを話し合っておきましょう）。	Let's discuss the next steps.
	解散する前に、ネクストステップを話し合っておきましょう。	Let's discuss the next steps before we go.
096	**新しいプロジェクトが本当に楽しみです。**	**I'm really excited about the new project.**
	一緒に仕事できることを楽しみにしています（＝今後ともよろしくお願いします。）	I look forward to working with you.
097	週末が楽しみです。ランズエンドにハイキングに行くんですよ。	I'm excited about the weekend. We're going hiking to Lands End.
	今、一番楽しみなことは何ですか。	What are you the most excited about right now?
	今、一番楽しみなことは何ですか。	What are you most excited about right now?
099	**私、そろそろおいとましないと。**	**I have to get going soon.**
	私はもう行かなくてはなりません。	I have to be going now.
	（ミーティングの最後なら、「いい仕事をした、いい仕事ぶりを発揮した」という意味で）いいミーティングでしたね。	Great work.

ページ	日本語文	英文
102	**それはやばいね。**	**That's crazy.**
104	最近とても忙しくって。	It's been crazy lately.
	今朝はやたらと忙しいんですよ。/ 今朝はバタバタしてしまって。	Things are crazy this morning.
105	**いいね。**	**Sounds good.**
	ランチ、どうする? / ランチはどうしたいですか?	What do you want to do for lunch?
106	明日の朝9時でいいかしら?	I'll see you tomorrow morning at 9?
107	いいね!	Nice!
	すばらしいアイデアですね。	Great idea.
108	**すごいね!**	**That's amazing!**
109	それはすごいね。	That's great!
	それはすごいね。	That's incredible!
	それはすごいね。	That's wonderful!
110	すごいね!	Awesome!
114	ありがとうございます。うまくいってよかった です。	Thank you. I'm glad it worked out so well.
	ありがとう。あなたもすごくよかったですよ。	Thank you. You know, you did a great job, too!
	ありがとうございます。お手伝いできてうれ しく思います。	Thank you. I'm happy I could help.
115	**それはよかったですね!**	**Good for you!**
116	(その場にいない人たちの話の場合) それはよかったですね!	Good for them!
117	**大丈夫ですよ。**	**You're going to be fine.**
	大丈夫ですよ。	Things are going to be fine.
118	すべては大丈夫になりますよ。	Everything's going to be all right.
	ちゃんと乗り越えられるよ。	You're going to get through this.

ページ	日本語文	英文
119	**行けなくて残念!**	**I'm so sorry I missed it!**
	行けなくて残念!	I'm so sorry to have missed it.
	昨晩のパーティに行けなくて残念でした。	I'm so sorry I missed your party last night.
120	**メール見ました。**	**I got your email.**
121	あ、メール見ましたよ。ちょっと時間がなくてまだ返信していないんです。	Hey, I got your email but I haven't had the time to respond.
122	メールを受け取りました。	I received your email.
123	**メールに返信していなくてごめんなさい。**	**I'm sorry I haven't responded to your email.**
	メールに返信するのに時間がかかってしまって、申し訳ありません。	I'm sorry it's taken me some time to respond to your email.
124	**メールがたまってしまっていて。**	**I'm way behind on emails.**
125	仕事が忙しくて。	I've been swamped with work.
	彼女は家賃を滞納している。	She is behind on her rent.
	彼らは請求書の支払いが滞っている。	They are behind on their bill.
126	**問題ないですよ(大丈夫ですよ)。**	**No problem.**
127	心配しないで(大丈夫ですよ)。	No worries.
128	**(~したら)お知らせします。**	**I'll let you know.**
	もっと情報が得られたら、お知らせします。	I'll let you know when I have more information.
129	ことの経過をお知らせしますね。	I'll let you know how it goes.
	彼と連絡が取れ次第、お知らせします。	I'll let you know as soon as I get a hold of him.
	明日、お知らせします。	I'll let you know tomorrow.
	ちょっとお伝えしておこうと思って。	I just wanted to let you know.
	月曜日にはオフィスに来ない、ということをちょっとお伝えしておきますね。	I just wanted to let you know that I won't be coming to the office on Monday.

ページ	日本語文	英文
129	金曜日は在宅勤務の日だということを、ちょっとお知らせしておこうと思って。	I just wanted to let you know that I'll be working from home on Friday.
130	（わかったら）教えてください。	Let me know!
	元気になったら教えてください。	Let me know when you're better.
	あいていそうだったら教えてください。	Let me know if you're available.
	あいている時を教えてください。	Let me know when you're available.
131	（チャットやテキストなどで使われる省略語）教えて	**LMK!**
	在宅勤務	**WFH**
	えみこさんは在宅勤務の日	（ホワイトボードに）Emiko WFH
	金曜日は、私は自宅から仕事をします。	I'll be WFH on Friday.
132	**オフィスに不在、外勤、オフィス外労働**	**OOO (Out Of Office)**
	9月5日から10日まで、オフィスを留守にします。	I'll be OOO from September 5 to 10.
	予測到着時刻	**ETA (Estimated Time of Arrival)**
	いつ頃到着しそうですか。	What's the ETA?
	ちょっと遅れています。到着するのは10:15頃です。	I'm running late. ETA 10:15.
133	**一日の終わり**	**EOD (End of Day)**
	アサインメントは本日中に提出してください。	Please submit this assignment by EOD today.
	週の終わり	EOW (End of Week)
	月の終わり、月末	EOM (End of Month)
	添付をご確認ください。	**PFA (Please find attached)**
	先週のイベントの写真を添付にてご確認ください。	PFA the pictures from the event last week!
	私の知る限りでは、	**AFAIK (As far as I know)**

ページ	日本語文	英文
133	私の知る限りでは、彼は来週オフィスには来ないそうです。	AFAIK, he won't be coming to the office next week.
	ちなみに、	**BTW (By the way)**
	ちなみに、新しいデザインとても素敵ですね！	BTW, the new design looks amazing!
134	私の意見では、	**IMO (In my opinion)**
	私の意見では、二番目のタグラインの方が、一番目のものよりもメッセージをよりしっかりと伝えていると思います。	IMO, the second tagline conveys the message better than the first one.
	「コール・トゥ・アクション（行動を誘発するもの）」	**CTA (Call-To-Action)**
	コール・トゥ・アクションをもっと魅力的にしないといけないですね。	We need to make the CTA more compelling.
135	また連絡します。	**I'll get back to you.**
136	この件で、またご連絡してもいいですか。	Can I get back to you on this?
	詳細をまたご連絡いたします。	I'll get back to you with details.
	もっと状況がわかったら、またご連絡いたします。	I'll get back to you when I know more.
	また連絡します。	Let me get back to you.
137	**わかりました / オッケー**	**Got it.**
138	**そうですね。**	**Right.**
139	**はい / いいですよ。**	**Sure.**
141	（コーヒーに）クリームを入れる分のスペースを取っておきますか。	Would you like room for cream?
142	いいえ、けっこうです。	No, I'm good.
	はい、お願いします。	Yes, please. / Yes, thanks.
	少しだけ（あけておいてください）。	Just a little bit, thanks.

人生を自由自在に活動する

青春新書
PLAYBOOKS

人生の活動源として

いま要求される新しい気運は、最も現実的な生々しい時代に吐息する大衆の活力と活動源である。

文明はすべてを合理化し、自主的精神はますます衰退に瀕し、自由は奪われようとしている今日、プレイブックスに課せられた役割と必要は広く新鮮な願いとなろう。

いわゆる知識人にもとめる書物は数多く窺うまでもない。

本刊行は、在来の観念類型を打破し、謂わば現代生活の機能に即する潤滑油として、逞しい生命を吹込もうとするものである。

われわれの現状は、埃りと騒音に紛れ、雑踏に苛まれ、あくせく追われる仕事に、日々の不安は健全な精神生活を妨げる圧迫感となり、まさに現実はストレス症状を呈している。

プレイブックスは、それらすべてのうっ積を吹きとばし、自由闊達な活動力を培養し、勇気と自信を生みだす最も楽しいシリーズたらんことを、われわれは鋭意貫かんとするものである。

――創始者のことば―― 小澤和一

著者紹介

関谷英里子 (せきや えりこ)

日本通訳サービス代表。アル・ゴア米元副大統領やノーベル平和賞ダライ・ラマ14世、フェイスブックCEOマーク・ザッカーバーグ氏、フェイスブックCOOシェリル・サンドバーグ氏、テスラモーターズCEOイーロン・マスク氏など一流講演家の同時通訳者。NHKラジオ講座「入門ビジネス英語」元講師。

慶應義塾大学経済学部、スタンフォード大学経営大学院卒業。伊藤忠商事、ロレアルを経て一流講演家向け同時通訳サービスを展開。現在米国サンフランシスコ、シリコンバレー在住。

著書に『カリスマ同時通訳者が教える ビジネスパーソンの英単語帳』(ディスカヴァー)、『同時通訳者の頭の中』(祥伝社)、『その英語、こう言いかえればササるのに!』(青春新書インテリジェンス)等がある。

相手とポジティブな関係をつくり、仕事を気持ちよく前に進めるための実践的な英語表現を伝える内容が、多忙な中で英語を学習する読者に大好評。

みんな使える!
こなれた英語201フレーズ

2017年 8 月10日　第 1 刷

著　者	関谷英里子
発行者	小澤源太郎
責任編集	株式会社 プライム涌光

電話　編集部　03(3203)2850

発行所	東京都新宿区若松町12番1号 〒162-0056	株式会社 青春出版社

電話　営業部　03(3207)1916　振替番号　00190-7-98602

印刷・図書印刷　　製本・フォーネット社

ISBN978-4-413-21092-8

©Eriko Sekiya 2017 Printed in Japan

本書の内容の一部あるいは全部を無断で複写(コピー)することは著作権法上認められている場合を除き、禁じられています。

万一、落丁、乱丁がありました節は、お取りかえします。

青春出版社のベストセラー

使いたい時にすぐ出てくる!
大人の語彙力が面白いほど身につく本

話題の達人倶楽部［編］

おさえておけば一生役立つ、
「できる大人」の日本語練習帳
あなたの「会話力」に革命を起こす
充実の831項!

ISBN978-4-413-21080-5　本体1000円

お願い　ページわりの関係からここでは一部の既刊本しか掲載してありません。折り込みの出版案内もご参考にご覧ください。

※上記は本体価格です。(消費税が別途加算されます)
※書名コード(ISBN)は、書店へのご注文にご利用ください。書店にない場合、電話またはFax(書名・冊数・氏名・住所・電話番号を明記)でもご注文いただけます(代金引換宅急便)。商品到着時に定価＋手数料をお支払いください。
〔直販係　電話03-3203-5121　Fax03-3207-0982〕
※青春出版社のホームページでも、オンラインで書籍をお買い求めいただけます。ぜひご利用ください。〔http://www.seishun.co.jp/〕